3개월 만에 끝내는
수능영어 공부법

3개월 만에 끝내는
수능영어 공부법

초판 1쇄 인쇄 2023년 5월 31일
초판 1쇄 발행 2023년 6월 10일

지은이 디 쌤(Dee Sam)

펴낸이 우세웅
책임편집 박관수
기획편집 김휘연
표지 디자인 김세경
본문 디자인 박정호

종이 페이퍼프라이스(주)
인쇄 ㈜다온피앤피

펴낸곳 슬로디미디어그룹
신고번호 제25100-2017-000035호
신고년월일 2017년 6월 13일
주소 서울특별시 마포구 월드컵북로 400, 상암동 서울산업진흥원(문화콘텐츠센터) 5층 22호

전화 02)493-7780
팩스 0303)3442-7780
전자우편 slody925@gmail.com(원고투고·사업제휴)
홈페이지 slodymedia.modoo.at
블로그 slodymedia.xyz
페이스북,인스타그램 slodymedia

ISBN 979-11-6785-138-3 (43700)

※이 도서의 국립중앙도서관 출판예정도서목록(CIP)은 서지정보유통지원시스템 홈페이지(http://seoji.nl.go.kr)와 국가자료공동목록시스템(http://www.nl.go.kr/kolisnet)에서 이용하실 수 있습니다.

3개월 만에 끝내는

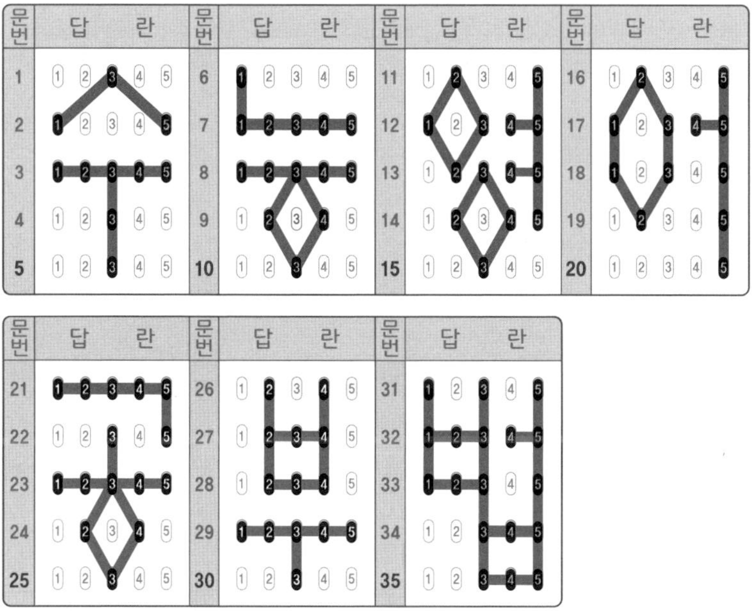

20%의 확률 속에서 정답만 고르는
수능영어 비밀 노트

디 쌤(Dee Sam) 지음

슬로디미디어

Dee 쌤의 수능영어 100% 리얼 후기 대공개 ✔

"현직에서 십수 년째 수능영어를 강의하고 상담하고 코치한 경험으로 볼 때, 왜 이런 노하우를 거의 무료에 가까운 가격에 푸시는지 알 수 없을 정도입니다."

"다른 과목에 비해 영어가 고민이었는데 이 책을 보고 수능영어의 돌파구, 지름길을 찾은 것 같습니다!"

"이런 노하우를 가진 분에게 이런 원리로 개인과외 받는다고 했을 때 과연 여러분 얼마의 비용을 내야 할까요?"

"이분이 제시하는 원리로 여러분이 절약할 수 있는 시간과 정답확률을 높여 얻는 효과는 정말 책 가격의 수십 배에서 백배에 달하는 것입니다."

"이 책으로 수업 방향이 바뀌었습니다."

"속는 셈 치고 샀는데 후회는 절대 안 합니다. 말도 너무 재밌게 하시고 귀에 쏙쏙 박혀서 추천합니다."

"아, 정말, 왜 Dee쌤이 이런 고급 노하우를 무료봉사 수준으로 푸시는지 알 수가 없습니다.(혹시 다른 강사들, 일타 강사들 굶기시려는 것은 아닌지 조심스레 의심해봅니다. ㅎㅎㅎ)"

"덕분에 성적 잘 올리는 선생님이 될 것 같아서 진짜 강추하는 책입니다."

"완전 짱짱짱 도움 되는 책입니다. 수능영어 때문에 매우 고민이 많았는데 걱정을 엄청나게 덜었습니다."

"좋은 책 써주셔서 감사합니다."

"미대 준비하는 고3 인데 이 책을 보면서 공부하니까 6월 모의고사 점수 많이 올랐어요 ㅠㅠㅠㅠㅜㅜ 진짜 제발 사세요ㅜ"

"책을 많이 구매하지만 정말 제가 샀던 책 중 top입니다. 모의고사에 대한 전반적인 팁들이 다 들어가 있습니다."

저의 모든 노하우를 여기서 모두 공개하는 게 아깝지 않다면 거짓말이지요. 혹자들은 이렇게 노하우를 공개해서 제 수업의 가치가 줄어들면 어떻게 하냐고 걱정하기도 합니다. 얼핏 생각하면 이 책이 누군가에게는 '수능영어 티칭 매뉴얼'이 될 수도 있으므로, 제 밥그릇을 위협하는 일이라고 생각할 수도 있겠네요.

하지만 저는 진심으로 여러분의 성공을 바랍니다. 저는 오직 하나의 목표만 바라보고 이 책을 썼습니다. 이 책을 읽는 여러분이 학생이든 강사님이든 제 노하우를 통해 누구보다 빠르게 성장하는 것입니다. 저만 알고 있고 세상 밖에 나오지 못한 지식은 그저 제 머릿속 상념에 불과하지요. 지금이라도 세상 밖에 나와 훨씬 더 많은 분에게 도움이 될 수 있어서 기쁘고 다행이라 생각합니다. 이 책을 통해서 여러분들이 원하는 바를 꼭 이루길 진심으로 바랍니다.

학생들의 성적 향상 사례 보기✔

[입학생 사례]

"신기했어요. 시간은 남는데 답은 더 잘 보이니까."

고3 때 영어 2등급이었으며 늘 시간 부족에 고전하던 정OO 학생. 여름 방학 한 달 동안 서울에 올라와 문제 푸는 전략과 함께 시간 안배 요령까지 코칭받았습니다. 하루 4시간씩 단 8회 수업을 받고 바로 안정적인 1등급에 진입하여 고려대에 가뿐히 합격하였습니다.

고려대학교 입학(정OO, 포항제철고 학생)

"월 클 Dee쌤에게 배웠다고 자랑하고 다녔어요."

영어 실력은 상당하나 문제를 감으로 푸는 학생이었습니다. 수능영어는 지문 전체를 꼼꼼히 해석하지 않고 전략적으로도 지문의 내용을 선별해서 문제를 맞힐 수 있기에, 이 학생의 영어 감각에 Dee쌤의 전략을 덧입혀 주었습니다. 문제를 감으로 풀지 않고 정확하게 답을 찾아낼 수 있게 되어 수능영어 만점을 받았습니다. 현재 서울대 기계공학과에 재학 중입니다.

서울대 기계공학과 입학(최OO, 경문고 학생)

**"날 믿어주고 내가 포기하지 않도록 함께 달려준 Dee쌤,
평생 기억날 것 같아요."**

내신은 물론, 수능 역시 포기 상태에 있던 박OO 학생. 3학년 영어 모의고사 6등급을 받은 이 학생은 수능에서 최종 2등급을 받아 숭실대 전기공학부에 합격하였습니다.

숭실대 전기공학부 입학(박OO, 영락고 학생)

"Dee 쌤에게 배운 skill로 과외공부를 해요."

2등급을 겨우 받고 이 등급을 안정적으로 유지하지 못하는 상태에서 시작한 이 학생은 문법의 기초부터 다시 시작해서 수능의 고급전략까지 마스터하여 안정적인 1등급을 받게 되었습니다. 건국대학교 전액 장학으로 입학했습니다.

건국대 교육공학과 입학(최OO, 서문여고 학생)

[재학생 사례]

"신기하게 등급이 오르니까 영어가 재미있다는 생각을 고3에 처음으로 하게 됐어요. Dee 쌤만 믿고 갈 거예요."

예체능계열 학생으로 고1, 고2 동안 내내 수능 모의 8~9등급이었습니다. 완전한 영포자였으나 대학에 가겠다는 의지를 가지고 Dee쌤에게 찾아왔습니다. 고2 때 잘하는 학생이라 할지라도 고3 되면 등급이 떨어지는 경우가 많은데, 이 학생은 기본 어휘조차 모르는 백지상태로 최하위 등급인 9등급에서 시작하여 현재는 5개월 만에 극악의 난이도였다는 2022년 9월 평가원 모의고사에서 4등급을 받았습니다. 앞으로 더 상승할 가능성이 있는 학생입니다.

수도여고 재학 중(이OO 학생)

"수능 때도 영어 만점이 목표입니다."

전형적으로 문제를 감으로 푸는 학생입니다. 2등급을 받던 학생이었으나 Dee쌤과 함께 하며 분석적으로 문제에 접근하는 법을 배우고 난 뒤, 2021년 3월 모의고사에서 100점으로 완벽한 1등급을 받았고, 9월 평가원 모의고사에서도 1등급을 받았습니다.

성남고 재학 중(배OO 학생)

"뼛속까지 이과생 영포자였던 제가 이제는 2등급을 바라보게 되었습니다. 문제 맞히는 재미를 알아가는 중입니다."

고1 때 수능모의고사에서 5등급을 받았지만, 고2 현재 수능모의고사 평균 3등급입니다. 단순 암기 무한 반복에 질려 영어라는 과목 자체가 싫어지면서 영어를 등한시하였으나 성적 향상을 맛본 뒤 현재 매우 주도적·능동적으로 공부를 하고 있습니다.

서울 문영여고 재학 중(임OO 학생)

[재학생 사례]

고3 수능모의고사 4등급에서 수능 최종 2등급으로 건국대 합격.

건국대 합격(이OO, 광남고 학생)

영어 3등급에서 1등급으로 한양대 합격

한양대 합격(김OO, 반포고 학생)

고3 때 수능모의고사 3등급에서 최종 2등급으로 한양대 합격

한양대 합격(최OO, 영락고 학생)

고3 때 수능모의고사 4등급에서 최종 2등급으로 동국대 합격

동국대 합격(최OO, 미림여고 학생)

고3 때 수능모의고사 3등급에서 수능 1등급 받고 항공대 합격

항공대 합격(신OO, 이화여고 학생)

[수능형 내신영어 성적 향상으로 서울 소재 대학 다수 입학한 예체능계열 학생들]

이화여자대학교 합격(성OO, 선화예술고등학교 학생)
이화여자대학교 합격(김OO, 선화예술고등학교 학생)
이화여자대학교 합격(강OO, 국립국악고 학생)
이화여자대학교 합격(정OO, 국립국악고 학생)
한양대학교 합격(김OO, 국립국악고 학생)

여는 글

아무리 해도 등급이 안 나오는 이유

자, 우리가 공부하기 얼마나 납납한 세상에서 살고 있는지 보여드리겠습니다. 시중에는 수없이 많은 수능 영어 교재가 있습니다. 그런데 그 많은 책의 문제 위아래 깨알같이 나와 있는 문제해결 전략을 학습에 적극적으로 이용해 수능 영어 등급을 향상했다는 학생은 없습니다. 왜 그럴까요? 그것은 그 해결책들이 너무 당연하기 때문입니다. 당연한 것은 전략이 아닙니다. 그것은 기본입니다. 사실 기본은 쉬운 것이 아니라 중요한 것이지요. 기본에 대한 이해는 어떤 분야든 선행되어야 하지만 기본을 필승 전략으로 삼지는 않습니다. 우리는 기본을 넘어선 그 무언가를 원합니다. 바로 이 책에서 저는 그 필승 전략을 담았습니다. 이 책을 읽는 여러분은 Dee 쌤이 십여 년간 쌓은 노하우와 지식을 오롯이 내려받게 됩니다.

이 책이 말도 안 되는 찍기 비법을 소개하는 것은 아닙니다. 한국교육과정평가원이 제시한 수능 출제원칙에 따른 철저한 분석으로 가장 효율적인 전략을 만들어 냈습니다. 경제 용어에 ROI가 있습니다. 투자대비수익률(Return on Investment)입니다. 공부로 치자면 '공부한 시간 대비 점수'가 되겠지요. 이 책은 여러분의 ROI를 상승시키기 위해 만들어졌습니다. 저는 이것을 '공부가성비'라고 부릅니다.

원어민에게도 쉽지 않은 것이 대한민국 수능영어입니다. 우직하게 해석만으로 문제를 풀어내어 고득점을 획득하면 좋겠지만, 전략적인 접근 없이는 고득점이 불가능합니다. 수능영어는 철저하게 원칙에 따라 출제가 되고 문제해결 방식도 기계적입니다. 이것이 바로 본 교재의 존재 이유입니다.

하지만 주의해야 할 것이 있습니다. 듣기도 지겹고 뻔하지만, 반드시 알아야 할 사항을 잠시 말해보겠습니다. 수능영어에서 원하는 등급을 얻기 위해서는 문법과 어휘 등의 언어 지식, 이를 기반으로 한 구문 독해, 글의 내용에 대한 이해력, 논리적 관계파악, 맥락 파악과 같은 여러 가지 요소를 복합적으로 통달해야 합니다. 이는 단기간에 이루어지는 것이 아니라 일정 기간 훈련된 분석력, 이해력, 추리력, 그리고 암기력이 필요합니다. 또한, 그렇게 하기 위해서는 상당히 방대한 내용을 다뤄야 하므로 본 교재에서는 범위를 '답을 맞히기 위한 문항별 공략법'으로 한정합니다.

그러나 모든 문제는 정독하고 이해한 뒤 사고하여 푸는 것이 기본이고 정석이라는 점을 미리 말씀드립니다. 이 책은 여러분만의 '치트키' 혹은 '합격 단축키'로 사용하기 바랍니다.

Dee 쌤

당신의 변화

페이지 수만으로 압도되는 수능국어 지문을 읽다 보면 "난 누구? 여긴 어디?" 하는 느낌 다들 받았을 겁니다. 고작 세 문제를 풀기 위해 B4 크기의 커다란 시험지를 두 페이지씩 넘기다 보면 지문 앞부분의 기억은 이미 요단강 건너 저 먼 곳으로 가버린 경험을 많이 했었지요? 그러나 영어 지문은 아무리 길어야 열 문장 내외입니다. 그래서 이 책에서 소개하는 비법이 먹히는 겁니다. 물론 그 짧은 지문 하나 읽다가도 등굣길 스쳐 지나간 옆 학교 이상형 생각하며 자녀계획까지 세우고 계신 분들 계실 겁니다. 그러면 어느덧 마지막 문장이지요. 의미 없이 밑줄만 그어대다 정신 차리고 또 첫 문장으로….

이 책을 받아들이고 적용한 이상 이제 그런 일은 없습니다. 지문마다 전략을 떠올리며 적용하고 답을 맞히는 기쁨을 누리게 될 것입니다.

대신, 여러분의 반복된 노력이 필요합니다. 초등학교부터 무려 10년 동안이나 영어 공부 소홀히 하고, 지금이 한 권으로 등급을 올리려고 하고 있나요? 만약 그렇다면 영어에 대한 기본적인 이해를 위해 공부할 필요가 있습니다. 그 정도 노력은 여러분 인생에 대한 예의입니다. 이 책과 함께 수능영어 유형별 문제집을 펼쳐놓고 한 문제 한 문제 적용하면서 연습하시기 바랍니다.

수능영어의 엄청난 비법을 문항별로 아주 구체적이고 전략적으로 알려

드립니다. 따라 하세요. 한 번으로 절대 안 됩니다. 여러 번 반복하세요. 그래야 체화되고 시험장에서 자연스럽게 나옵니다. 소설책이 아닙니다. 절대로 한 번 읽고 끝내지 마시고 문제집 옆에 끼고 공략집으로 사용하십시오. 본 책에는 기존에 알려진 내용도 있고 완전히 새로운 비법도 있을 것입니다. 전략, 전술, 비법은 제가 드리지만 실제 적용은 이 책을 읽는 여러분의 몫입니다.

물을 두려워해서 수영을 배우기 위해 영상으로 수영을 익힌 뒤, 같은 이유로(물이 무서워) 물 근처에도 안 가면 어떨까요? 네. 어떤 변화나 발전도 일어나지 않습니다. 현실을 바꿀 수 없어요. 계속 그렇게 수영 못하면서 살아야 합니다. 그럼, 영어가 두렵지만 영어를 잘하고 싶어 이 책을 구매하고는 실전에 적용하지 않는다면 어떨까요? 네. 이것 역시 어떤 변화도 어떤 발전도 일어나지 않습니다. 현실을 바꿀 수 없어요. 당연히 미래도 바꿀 수 없겠지요.

그러나 수영은 잘하든 못하든 그저 현실의 문제이지만 영어는 여러분의 미래가 달린 문제입니다. 그냥 계속 실행하지 않고 허송세월 보내다가 지금 그 등급으로 대학을 가려고 하나요?

세계적인 밀리언셀러 〈타이탄의 도구, Tools Of Titans, 2017〉를 보면 토니 로빈스(Tony Robbins)라는 세계에서 가장 유명한 성과향상 코치가 나옵니다. 〈타이탄의 도구〉 저자는 토니 로빈슨에 대해 이렇게 말합니다.

"그는 빌 클린턴부터 세리나 윌리엄스, 레오나르도 디카프리오, 오프라 윈프리, 넬슨 만델라, 미하일 고르바초프, 마거릿 대처, 프랑수아 미테랑, 다이애나 황태자비에 이르기까지 수많은 사람에게 자신의 지혜를 나눠 주고 있으며, 그의 불멸의 베스트셀러 〈네 안의 잠든 거인을 깨워라〉는 전 세계 수백만 독자들의 삶을 바꿔 놓았다.(p.94)" 책에 따르면, 토니는 지금껏 자신이 성공한 최고의 투자로, 17살 때 짐론(Jim Rohn)의 3시간 분량의 세미나를 듣기 위해 지급한 35달러를 꼽는다고 합니다. 고된 청소부 일을 하며 주급 40달러를 받는 형편에 35달러는 큰 모험이지만 3시간 후 토니는 이 세미나로 인생의 방향을 결정했기 때문입니다.

이 책을 보기 위해 자발적으로 찾아오신 여러분 역시 변화를 원하고 행동하실 준비가 된 분들입니다. 그러니 분명 수능 영어에서 본인 기준 우수한 등급을 달성하게 될 것입니다. 아무나 이렇게 행동하지 않기 때문입니다. 이 책이 여러분께 '토니의 35달러짜리 투자'가 되어 여러분의 미래를 바꿔줄 수 있는 좋은 도구로 사용되었으면 좋겠습니다. 수많은 영어강의와 교재 중에서 이 비법서를 선택하신 여러분은 그만큼 간절하고 의욕이 있을 것이기에 반드시 성공하시리라 믿습니다.

명확한 목표의식이 동기부여를 끌어냅니다. 목표에도 하위 목표가 있고 상위 목표가 있다는 사실을 아시나요? 이를테면 "9월 모의고사에서 1등급을 받아야지", "기필코 수능에서 1등급을 받아야지." 이렇게 말하는 것은 하위 목표입니다. 반면 "수능에서 1등급을 받는다면, 내가 원하는 대학을 갈 확률이 높아지는군. 그렇다면 내가 이후에 하고 싶은 것은 무엇이지?"라는 질문의 답이 상위 목표입니다. 이 상위 목표는 개인마다 차이가 있을 겁니다. 상위 목표를 이루기 위해서는 먼저 달성해야 할 하위 목표가 존재합니다. 것입니다. 높은 동기부여 수준은 태도-행동 순으로 변화가 이루어져 성과가 발생하는 핵심 요소입니다. 지금 여러분은 상위 목표인 '여러분이 진짜로 하고 싶은 그 무언가'를 하기 위해 하위 목표인 영어 공부를 하고 있습니다.

이 책이 여러분의 첫걸음 즉, 하위 목표 달성을 위한 지름길이 되리라 확신합니다. 수능 날, 비로소 웃으며 상위 목표를 향해 돌진하면 됩니다. 공부 가성비를 극대화한 본 공략집과 함께하면 영어는 이제 등급 따는 효자 과목이 될 것입니다. 영어부터 등급 따놓고 다른 과목에 시간을 할애하면 됩니다.

원하는 대학을 갈 수 있는 가장 쉬운 방법!

바로 영어입니다.

Contents

Dee 쌤의 수능영어 100% 리얼 후기 대공개 4

학생들의 성적 향상 사례 보기 7

여는 글

아무리 해도 등급이 안 나오는 이유 10

찍신이 강림한 당신의 변화 12

Part 1. 오리엔테이션(Orientation)

Ⅰ. 수능영어문제 풀이 공략집이 필요한 모든 사람

특히 이런 분들께 추천 드립니다(#feat 이런 분들 안 보셔도 됩니다) 24

Ⅱ. EBS 연계방식 변화에 따른 학습법 27

Part 2 실전 – 수능영어 문항별 초전박살 공략법

Ⅰ. 듣기 편 32

수능듣기에 관한 오해와 진실 Q&A 34

01강 1번 전술 담화의 목적 37

02강 2번 전술 화자의 의견 41

03강 3번 전술 두 사람의 관계 45

04강 4번 전술 그림 불일치 47

05강 5번 전술 화자가 할 일 49

06강 6번 전술 지불할 금액 51

07강 7번 전술 이유 55

08강 8번 전술 언급되지 않은 것 57

09강	9번 전술		내용 불일치	59
10강	10번 전술		표	61
11강	11, 12번 전술	★	짧은 대화 화자의 응답	66
12강	13, 14번 전술	★	긴 대화 화자의 응답	69
13강	15번 전술	★	상황에 맞는 말	71
14강	16, 17번 전술	★	담화의 목적	73

★표 문항은 방송으로 문제 나오기 전에 선지 먼저 읽어 놓을 것

Ⅱ. 독해 편 76

01강 18번 목적파악 대체 무슨 꿍꿍이 인거죠? 81

02강 19번 심경변화 변덕을 부려봐야 소용없어 85

전술 1. 어휘가 다했다

전술 2. 맥커터를 찾아라

전술 3. 마→플/플→마

03강 20번 필자의 주장 & 22번 요지파악 89

전술 1. 두괄식·미괄식

전술 2. 궁극의 기술– 명시적 단서

04강 23번 주제파악 & 24번 제목추론 98

[23번 주제찾기]

전술 1. 기본은 쉬운 게 아니라 중요한 것

전술 2. 선지는 스칠 뿐

전술 3. 평가원의 잔소리– 반복어휘에 집중

전술 4. 중요한 건 먼저 말해

[24번 제목 추론]

전술 1. 기본은 쉬운 게 아니라 중요한 것

전술 2. 반복어휘 찾아도 답이 아닐 수 있어

전술 3. 기자에 빙의되어 글의 내용을 멋지게 가공해야 해

전술 4. 넓어도 안 되고 좁아도 안 돼. 중간 그 어딘가…

전술 5. 아니라기엔 너무나 매력적이야. 너란 오답.

전술 6. 질문의 답을 지문에서 찾아봐

05강 21번 함축의미추론 111

전술 1. 밑줄 해석 못 해도 돼

전술 2. 심지어 없어도 돼

전술 3. 노골적이면 안 돼

전술 4. 궁극의 전술 Paraphrasing(페러프레이징)

06강 25번 실용자료파악(도표) 118

전술 1. 선지확인 순서 ④→⑤→③→②→①

전술 2. 필수어휘 암기

07강 26번. 내용 불일치 121

전술 1. 이것은 시력 테스트. 눈 있는 자 맞힐지어다

08강 27~28번. 실용자료 파악(안내문) 124

전술 1. 못 보면 바보

전술 2. 진정한 시력 테스트- 눈 있는 자 맞힐지어다

09강 29번 어법 126

전술 1. 기출 선지 분석을 통해 트랜드를 파악한다

전술 2. 나오는 놈만 쏙쏙 골라서 집중 공략

전술 3. 기·승·전·동사

전술 4. 관대는 불완전, 관부는 완전

전술 5. 분사

전술 6. 형용사, 부사

전술 7. 대동사는 앞을 확인

전술 8. 5형식 동사는 뒤가 중요

전술 9. 수동태 다음은? “to”

10강 30번 어휘 136

전술 1. 오답 거르기

전술 2. 220개월 아기는 반대로 말해요

전술 3. 앞뒤 문맥 확인하기

전술 4. 밑줄 문장 자체의 논리 확인

11강 31~34번 빈칸추론 144

전술 1. Finding Paraphrased Part(패러프레이징 된 부분 찾기)

전술 1–1 빈칸이 들어간 문장 먼저 읽기

전술 1–2 본격적으로 ‘패프 찾기’

전술 2. 빈칸추론의 고전적 해법, 빈칸위치

전술 2–1. 빈칸이 앞에 있는 경우

전술 2–2. 빈칸이 중간에 있는 경우

전술 2–3. 빈칸이 뒤에 있는 경우

전술 3. 거품 빼고 쉬운 말로 이해하기

전술 4. 오답 필터링

전술 5. 부정어 주의하기– 아닌 게 아닌 건 맞는 거야

12강 35번 흐름과 무관한 문장 175

전술 1. 오답 거르기 Tactic for 3등급↓

전술 2. 첫 문장, 내가 기준!

전술 3. 명단(명시적 단서)이 명단했다

전술 4. 같은 소재로 뻘소리– 짬뽕 재료로 만든 마라탕 찾기

전술 5. 변기에 물 내리기

전술 6. 해석조차 안 되는 그대에게

13강 36번~37번 글의 순서 184

전술 1. 첫 문장에 인생 걸지 말란 말이야

전술 2. '박스 작업은 했어요. 전 이제 어디로 가나요?'

전술 3. 프로파일러의 범죄자 첫 대면

전술 4. 될 놈 될. 일단 되는 놈부터 골라봐

전술 5. '단서 없이 내용상 연결' 아… 내 3점… 또르르

14강 38번~39번 문장 삽입 196

전술 1. "새치기로 맨 앞에 온 주제에…"

전술 2. 이렇게 계속 찔러보시면…

전술 3. 맥커터✂ 찾기. (어려운 말로 '논리적 비약 찾기')

전술 4. 부정어엔 노라인

전술 5. 반전이 답이다.

15강 40번 요약문 완성 204

전술 1. 긴 영상은 요약짤이 제 맛이듯…

전술 2. 숨은 단어 찾기 #필터링 #패프 찾기

전술 3. 유유상종. 옆에 있는 놈을 잡아라. #부정어주의

16강 41~42번 단일장문(제목, 어휘) 211

전술 1. Tactic For 1등급, 2등급– 돌 하나에 새 두 마리

전술 2–1. Tactic For 3등급↓

전술 2–2. 30번 순한맛

17강 43~45번 장문(순서, 지칭추론, 내용일치 불일치) 214

전술 1. 전체 내용 한 방에 파악하기

전술 2. 잽, 잽, 잽, 라이트 훅 - 잽(Jab) 넣기

전술 3. 잽, 잽, 잽, 라이트 훅 - 훅(Hook) 날리기

전술 4. Flow Chart로 한눈에 보기

특강. 다 풀고 시간 남는 '수능영어 문제 푸는 순서' 221

■ 마치면서 227

PART 1

오리엔테이션 (Orientation)

I

수능영어 문제 풀이 공략집이 필요한 모든 사람, 특히 이런 분들께 추천 드립니다. (#feat 이런 분들 안 보셔도 됩니다.)

i) 수능영어 문제 풀이 공략집이 필요한 모든 사람, 특히 이런 분들께 추천해 드립니다.

- 수능영어 지문 읽어도 읽어도 모르겠는 백치미 학생
- 내용은 대충 알겠는데 답을 모르겠는 물음표 살인마 학생
- 시간 안배를 못 해서 빈칸문제 매번 찍는 초치기 학생
- 당장 수능 등급을 급하게 올려야 하는 예체능 학생
- 난이도 있는 문제를 논리적으로 찍기 원하는 학생
- 수업의 질을 높이고 수능 전문가로 발돋움하고 싶은 열정 넘치는 루키 강사님
- 실력은 있는데 트랜드 따라가는 게 버겁고, 수능 지문 해석만 하고 계신 경력 오래된 강사님

#feat 이런 분들 안 보셔도 됩니다.

- 실눈 뜨고 풀어도 1등급 나오는 고수님
- 영어가 모국어처럼 편하신 분들
- 영어 지문 읽을 때 한국어 해석 없이 내용 이해가 바로 가능하신 분
- 영어가 한국어처럼 잘 들리시는 분

II

EBS 연계방식 변화에 따른 학습법

2022 수능영어는 EBS 연계율 100% 간접연계로 전환됩니다. 간접연계의 방식은 두 가지가 있습니다.

1) 핵심 제재·논지 활용 유형

EBS 연계 교재의 지문과 주제, 요지, 소재가 유사한 지문을 활용하여 문항을 개발하는 방법

2) 자료 활용 유형

EBS 연계 교재에서 사용된 시각 자료(그림 또는 도표 등)를 활용하여 문항을 개발하는 방법

이 두 가지 방식에서 주목할 공통점은 바로 '유사한 지문을 활용하여 문항을 계발'한다는 점입니다. '활용'과 '계발'을 통해 간접연계 방식으로

재탄생 된 수능 문제에서 여러분이 EBS 연계교재와의 연결고리를 찾기는 쉽지 않습니다. 쉽게 말해 여러분이 수능시험장에서 보게 될 수능영어 문제는 난생처음 본 지문일 것입니다. 말이 간접연계이지 사실상 새로운 창작물이기 때문에 체감 연계율은 0%에 가깝습니다.

따라서 작년처럼 킬러 문항의 내용을 암기하는 식의 전략은 절대 통하지 않습니다. 심지어 정시 파이터라면 EBS를 파고들 이유는 전혀 없는 것이지요. 오히려 기출문제의 중요성이 크다고 할 수 있습니다.

자, 그러므로 이제 우리의 목표는 '처음 본 문제를 잘 풀어내기'입니다.

▶ 전술 적용 전 갖춰야 할 기본 사항 – 모든 유형에 해당

- 죄송하지만 해석이 기본입니다. 해석이 전혀 안 되는 학생은 일부 전술만 적용 가능합니다.
- 어려운 지문은 나만의 쉬운 언어로 만들어 이해해야 합니다. (문제 옆 빈 공간에 써놓기)
- 문제를 눈으로 풀지 않습니다. 수능은 '수능샤프'로 푸는 겁니다.

자, 그럼 이제 시작합니다. 여러분이 웹툰 보듯 쉽게 이해할 수 있도록 경어체를 생략하겠습니다. 양해 바랍니다.

PART 2

실전
수능영어 문항별
초전박살 공략법

I

듣기 편

수능영어 듣기의 개요는 다음과 같아.

문항 수: 1번~17번까지 총 17문제
시간: 13시 10분부터 25분 이내
배점: 2점짜리 14문항, 3점짜리 3문항, 총 37점

듣기의 중요성은 아무리 강조해도 지나치지 않아. 전체에서 무려 37%나 차지하거든. 듣기만 다 맞아 놓으면 독해에서 중학생도 푸는 쉬운 문제(실용문, 도표, 내용일치, 목적, 심경변화 등) 맞히고 나머지 문제들 반만 맞혀 3등급도 나올 수 있거든. 이게 가능해. 완전.

3등급이하 학생, 듣기에서 두 문제 이상 틀리는 학생이라면 독해보다 무조건 듣기부터 잡아야 해. 독해에서 빈칸문제, 순서문제, 삽입문제 붙들고 있지 말고 듣기 만점부터 만들어야 한다는 이야기야.

수능듣기에 관한 오해와 진실 Q&A

그럼 시작하기 전에 듣기에 관해 너희들이 궁금했던 점부터 풀어 볼까?

Q. 쌤, 듣기문제 풀면서 뒷장에 독해문제 풀어도 되나요?

A. 사바사야. 듣기 실력에 따라 달라.

▶ 듣기에서 다 맞거나 1개~2개 틀리는 경우

: 무조건이지. 여기서 시간을 save 해야 빈칸추론, 순서, 삽입문제에서 시간을 더 쓸 수 있어. 수능영어 70분 중에서 듣기 17문항에 25분가량이 할당되는데, 이 시간을 20분으로 단축해서 독해 5문제를 병행해야 해. 총 22문제를 20분만에 푸는 거지. 능력자들은 더 소화하는 것도 가능할 거야. 본 교재 마지막 part에 '다 풀고 시간 남는 수능영어 문풀 순서' 특강이 있으니 꼼꼼히 읽어보고 참고해서 너희들만의 루틴을 만들어. 시간 재고 기출 모의고사 풀면서 수능 전까지 충분히 연습하길 바라.

▶ 3개~4개 틀리는 경우

: 보통 이 정도 틀리면 오직 듣기에만 집중해야 한다고들 해. 그런데 사실 듣기 하는 동안 생각보다 중간중간 save 할 수 있는 시간이 많아. 특히 1페이지에서 그래. 그 시간 아껴서 독해 쉬운 part로 돌리는 것도 이 점수대 학생들에게 도움이 되지. 듣기에서 3~4개 틀릴 정도면 독해도 고전하고 있다는 이야기인데, 독해 part에서 5페이지와 6페이지 문제(빈칸, 무관한

문장, 순서, 삽입, 요약)를 깊이 생각하지 않고 찍는다면 듣기에 초집중하고, 그렇지 않고 풀려고 노력하는 학생이라면 4페이지 문제 정도는 듣기와 병행해도 좋아.

그러나 학생에 따라서는 10번까지는 여유롭게 들리고 독해도 병행할 수 있는데 11번 문제부터는 영어로 된 선지 읽고 답을 찾기도 시간상 버거운 학생들이 있어. 또한 반대로, 듣기를 하면서 독해를 동시에 해놓지 않으면 불안해하는 학생들도 있고. 그런 경우는 억지로 정해 놓은 틀에 맞추지 말고 본인의 능력 대로 해. 자신이 잘 틀리는 유형과 문항이 무엇인지 알고 있을 테니 그 문항 들을 때만 완전 집중하면 돼. 단, 실수 안 할 자신이 있으면. (본인이 잘 틀리는 유형이 무엇인지 모르면 기출문제집 풀어서 통계를 내도록)

▶ 5개 이상 틀리는 경우

: 어딜 가려고?! 아무데도 가지 말고 듣기 초집중!

Q. 최대한 많이 듣고 많이 풀면 되나요? 딕테이션(dictation)해도 안 늘던데 쉐도잉(shadowing)을 해볼까요?

A. 아니 단어 먼저야.

어휘를 모르고 들으면 백번 천번 들어도 무슨 말인지 이해를 할 수가 없어. 무슨 뜻인 줄도 모르는데 딕테이션(dictation)이든 쉐도잉(shadowing)이든 무슨 의미가 있겠어? 듣기에서 점수가 안 나온다면 듣기 빈출 어휘가 반드시 선행이 되어야 해.

단어를 알아야 들리는 법이야. 이건 절대 진리라고. 그러니 무조건 단어 암기해. 백번을 반복해서 듣는다고 해서 모르는 단어를 갑자기 알게 되지는 않아. 기본적으로 알고 있는 단어가 듣기문제 상황 속에서 나왔는데 못 들었을 때, 바로 그때 반복을 하고 딕테이션과 쉐도잉이 효과가 있는 것이지.

수능영어 듣기는 넥플릭스의 미드나 영화가 아니야. 전문 성우 네이티브가 정확한 발음으로 제발 알아들으라고 꾹꾹 눌러서 아주 친절하게 발음해주지. 약간의 연기까지 곁들여서 천천히. 그러니 무조건 어휘부터 암기해야 해. 무슨 말인지 안 들리던 문장도 단어를 암기하고 나면 신기하게 그 단어가 들리면서 내용 이해가 되거든. 듣기에서 암기해야 할 어휘는 시중에 듣기 문제집을 구매하면 주로 부록으로 나와 있어. 인터넷이나 서점에서 책 구매할 때 목차를 꼭 보고 어휘 수록 여부를 확인하도록!

1강 담화의 목적 1번

한국교육과정평가원은 다음과 같이 2022년 수학능력시험의 학습방법을 안내하고 있어.

평가 요소

- 이 문항은 담화를 듣고 말하는 이의 의도나 목적을 파악할 수 있는 능력을 측정하는 문항이다.
- 이 문항은 2015 개정 교육과정의 성취기준 '일반적/다양한 주제에 관한 말이나 대화를 듣고 주제 및 요지를 파악할 수 있다.' '일반적인/다양한 주제에 관한 말이나 대화를 듣고 화자의 의도나 말의 목적을 파악할 수 있다'와 연관된다.

문항 풀이를 위한 주요 개념·원리

- 본 문항의 정답을 찾기 위해서는 담화의 핵심 내용을 근거로 말하는 이의 의도나 목적을 맥락상 파악하는 것이 중요하다.

학습 안내

- 듣고 맥락을 파악하기 위해서는 평소 다양한 소재의 담화를 들으면서 전체적인 내용을 파악하고 말하는 이가 전달하고자 하는 메시지, 의도, 목적 등을 추론해보는 연습이 필요하다.
- 담화의 목적 유형은 처음부터 담화의 목적이 명시적으로 드러나지 않기 때문에 우선 담화를 듣고 담화가 일어나는 상황이나 장소 그리고 말하는 대상과의 관계를 유추해 보는 것이 필요하다.
- 화자가 반복하여 강조하는 핵심 내용을 토대로 담화의 전체적인 맥락과 요지, 즉 목적을 파악해야 한다. 이 때 담화에서 반복되거나 강조되어 나타나는 핵심 단어와 표현을 유의하며 듣고 따라 하고 받아 써보는 연습이 도움이 된다.

하이라이트 된 부분을 봐. 여기서 핵심은 하나야. 담화의 목적 파악하는 문제는 맥락 파악이 먼저고, 방송 내용 중 화자가 반복하거나 강조하는 내용이 바로 목적, 그게 정답이라는 거야. 자꾸 귀에 들리는 어구를 선지에서 잡아! 내용 첨가해서 정리하면,

전술 1.

방송 나오기 전에 선지부터 읽어 담화의 소재 및 전제 내용을 대략 파악한다.

전술 2.

반복적으로 들리는 내용이 핵심이다. 이를 통해 화자의 목적을 추론하라.

전술 3.

[담화목적 핵심표현]에 집중한다.

아래 표는 기출문제 [담화목적 핵심표현]을 정리한 거야. 정답이 나오기 직전에 등장한 표현들을 기억해 두면 아주 쉽게 답을 찾을 수 있을 거야. 독해 part의 18번 목적 찾기 문제의 순한 맛 정도가 되겠지. 그런데 방송이 시작되기 전에 독해 part 쉬운 문제를 풀다가 정신없이 돌아오느라고 1번을 놓치는 친구들이 의외로 있더라고. 시험지 여기저기 넘기며 문제 푸느라 허둥지둥 대지 말고 여유시간 몇 초 남겨 놓고 돌아와.

사실 듣기문제는 너희들 대학가라고 기본점수 주는 거야. 노력해서, 공

부해서 얻은 점수가 아니라 기본점수 개념이라고. 2021년 수능만 해도 듣기 1페이지 정답률이 순서대로 95%, 95%, 95%, 95%, 95%, 90%, 95%, 95%, 95%… 이런 식인데 이런 하늘이 주신 기회를 머리 써서 독해문제 푸느라고 발로 차버리는 사람은 없겠지. 글로 된 지문이 아니라 담화 표현이기 때문에 순식간에 지나갈 수 있으니 끝까지 경계해야 해.

[기출문제 담화목적 핵심표현, 여기가 답이다!]

출처	담화목적 핵심표현 + 정답 위치
2022. 9.	So, cast your vote now and decide : So+ 명령문
2022. 6.	I'd like to announce that + 여기가 정답
2021. 수능	Today, I'd like to tell you about + 여기가 정답
2021. 6.	So, I'd like to inform you that + 여기가 정답
2021. 9.	I'm happy to announce that + 여기가 정답
2020. 수능	We'd like to inform you of + 여기가 정답
2020. 6.	I'd like to encourage all of you to + 여기가 정답
2020. 9.	Please don't forget that + 여기가 정답
2019. 수능	We have decided to + 여기가 정답
2019. 6.	We'd like to ask you to + 여기가 정답
2019. 9.	I'd like to tell you about + 여기가 정답
2018. 수능	We've added three new functions to our app.:이게 정답
2018. 6.	I'd like to let you know + 여기가 정답
2018. 9.	Today, I'm proud to announce that + 여기가 정답
2017. 수능	I'd like to invite you to try + 여기가 정답
2017. 6.	We're asking you to + 여기가 정답
2017. 9.	I'd like to announce+ 여기가 정답

이 정도면 "I would like to(I'd like to)" 는 국룰이 아닌가 싶네. **명령문(동사원형으로 시작)**도 정답의 강력한 단서야.

다음 표현들을 꼭 익혀둬.

▶ 요청/문의

I would like to, I ask you to, I want to, I was wondering if~, Would you let me know if~, I would appreciate it if~, 명령문(동사원형으로 시작), 부정명령문(Don't+동사원형~) May I~, Can I~, S+need, S+require, Please

▶ 안내/공지

announce, inform, notify, encourage, remind, It is very important to~

2강 화자의 의견 2번

자, 이제 2번이야. 우선, 한국교육과정평가원의 가이드라인부터 분석해 보자.

평가 요소

- 이 문항은 대화를 듣고 대화자의 의견을 추론하는 능력을 측정하는 문항이다.
- 이 문항은 2015 개정 교육과정의 성취기준 '일반적/다양한 주제에 관한 말이나 대화를 듣고 세부 정보를 파악할 수 있다.' '일반적/다양한 주제에 관한 말이나 대화를 듣고 주제 및 요지를 파악할 수 있다.' '일반적/다양한 주제에 관한 말이나 대화를 듣고 화자의 의도나 말의 목적을 파악할 수 있다'와도 연관된다.

문항 풀이를 위한 주요 개념·원리

- 본 문항의 정답을 찾기 위해서는 화자가 반복하여 제시하는 의견을 파악하는 것이 중요하다.

학습 안내

- 교육과정에서 요구하는 '일반적/다양한 주제'라고 할 수 있는 일상생활 관련 소재를 비롯하여 인문, 사회, 예술, 과학과 같은 다양한 분야의 말이나 대화를 꾸준히 듣고 전체적인 맥락을 이해하고 핵심 내용을 파악해 보는 연습이 필요하다.
- 화자의 의견을 나타내는 표현에 집중하여 화자가 전달하고자 하는 메시지가 무엇인지 파악해야 한다. 화자의 의견을 나타내는 핵심 단어와 표현이 반복적으로 제시되므로 이에 집중하여 듣는 연습이 효과적이다. 대화자 간 의견이 다른 경우, 대화가 전개되면서 각각의 의견에 변화가 있는지 유의한다.
- 반복적으로 들리는 단어와 표현들을 소리 내어 따라해 보고, 받아쓰기를 통해 확실하게 내 것으로 만드는 것이 중요하다. 처음에는 상대적으로 쉽고 잘 들리는 내용어 중심으로 받아 써보고, 다음에는 잘 들리지 않았던 부분들도 메워 보는 것이 좋다.

1번 전략과 마찬가지로 2번에서도 핵심은 반복적으로 들리는 단어와 표현이야. 이 문제는 남녀의 대화로 이루어지는데 둘 중 한 명의 의견을 파악하는 것이 우리가 해야 할 일이지. 사실 남녀의 대화 중에서 한 사람의 의견을 묻는 문제니까 문제에서 말하는 성별의 사람의 대화를 자세히 들으면 되겠지? 이건 기본 중의 상기본이라서 문제 풀이법이라고 말을 하기도 부끄럽네. 그런데 얘들아. 앞서 말한 것처럼 기본이라는 건 쉬운 게 아니라 중요한 거야. 기본을 지키는 것은 기초 단계의 쉬운 일로 치부할 것이 아니라, 중요한 것이니 반드시 지키는 것이라고.

정리할게.

전술 1.

문제 나오기 전에 선지 미리 볼 것. 선지 먼저 보고 ①번부터 ⑤번까지 공통으로 있거나 반복된 어휘가 있는지 확인하여 동그라미 쳐 둔다.

반복어휘=핵심소재

전술 2.

남자의 의견을 물으면, 남자의 말에 집중

여자의 의견을 물으면, 여자의 말에 집중

중간에 정신 놓지 말고 문제에서 요구하는 성별의 말에 집중해.

전술 3.

의견이나 충고를 나타내는 표현은 너희들이 잘 알고 있을 거야. 아래 표에 있는 표현들은 화자나 필자의 의견과 주장을 나타낼 때 자주 쓰이는 표현이야. 독해 part 대의파악(주장, 요지, 주제, 제목)에서 자주 나오는 표현인데 2번 문항은 독해 part 대의파악 순한 맛이고, 결이 같으니까 이참에 미리 익혀두자.

[필자의 의견이나 주장을 나타내는 표현]

동사/조동사	must, should, have to, need to, had better 명령문 (동사원형으로 시작하는 문장) 중요하다: matter, count 명심하다: keep in mind, remember
기타	요점은: The point is~, The thing is~, The key is~
형용사	필수적인: necessary, essential확실한: certain, sure, clear 중대한: critical, crucial, vital, significant, important

그런데 사실 이 표현들을 사용하지 않고도 화자의 의견을 자연스럽게 대화 중에 녹여내는 경우도 정말 많아. 따라서 저 부분만 기다리다 다 놓치지 말고 대화 중반부터 집중할 것.

전술 4.

끝날 때까지 끝난 게 아니다. 중간에 놓쳤어도 끝까지 들으면 다시 기회가 있다는 말씀이지. 2021년 수능에서는 여자의 의견을 물어보았는데 중간에 여자가 의견을 말하고 마지막에 한 번 더 쐐기를 때려 박았어. 진짜 너무 친절해. "제발 다른 것 좀 답으로 쓰지 말아 줄래?" 이런 느낌? 아래 2021년 수능 예시 한번 보자.

[2021 수능 2번]

2. 대화를 듣고, 여자의 의견으로 가장 적절한 것을 고르시오.

① 별 관찰은 아이들이 수학 개념에 친숙해지도록 도와준다.
② 아이들은 별 관찰을 통해 예술적 영감을 얻는다.
③ 야외 활동이 아이들의 신체 발달에 필수적이다.
④ 아이들은 자연을 경험함으로써 인격적으로 성장한다.
⑤ 수학 문제 풀이는 아이들의 논리적 사고력을 증진시킨다.

W: Good morning, Chris.
M: Good morning, Julie. How was your weekend?
W: It was wonderful. I went to an event called Stargazing Night with my 7-year-old son.
M: Oh, so you went outdoors to look up at stars. Your son must have had a great time.
W: Yes. And I think it helped my son become familiar with mathematical concepts.
~에 친숙해지다
M: Interesting! How does it do that?
W: By counting the stars together, my son had a chance to practice counting to high numbers.
M: Ah, that makes sense.
W: Also, he enjoyed identifying shapes and tracing patterns that stars form together.
M: Sounds like you had a magical and mathematical night!
W: Absolutely. I think looking at stars is a good way for kids to get used to mathematical concepts.
~에 익숙해지다
M: Maybe I should take my daughter to the event next time.

그러니까 혹시 중간에 놓쳤으면 좌절하지 말고, 끝까지 긴장하며 집중해서 단서를 잡아내.

3강 두 사람의 관계 3번

한국교과과정평가원의 가이드라인부터 분석!

평가 요소

- 이 문항은 대화 내용을 근거로 화자간의 상대적 관계를 추론하는 능력을 측정하는 문항이다.
- 이 문항은 2015 개정 교육과정의 성취기준 '일반적/다양한 주제에 관한 말이나 대화를 듣고 내용의 논리적 관계를 파악할 수 있다'와 연관된다.

문항 풀이를 위한 주요 개념·원리

- 본 문항의 정답을 찾기 위해서는 대화자의 직업이나 장소 또는 상황을 나타내는 세부 내용을 근거로 대화자의 관계를 파악해야 한다.

학습 안내

- 듣기에서 논리적 관계를 파악하는 문항을 해결하기 위해서는 대화의 전반적인 상황을 이해한 뒤 세부 정보를 파악하여 대화자의 관계를 추론할 수 있는 능력이 필요하다.
- 직업이나 관계에 관련된 영어 표현을 확인하고 익히는 것이 가장 기본적인 학습 방법이라고 할 수 있다. 특정 직업을 가지고 있는 대화자들이 보이는 상황별 대화들의 특징을 이해하고 이때 주로 활용되는 어휘와 표현을 확인하는 것이 효과적이다.

전술 1.

'직업이나 관계에 관련된 영어표현에 주의한다.' 이것이 평가원에서 제시한 방법이야. 그런데 사실 어려운 전문 용어나 전문 직종이 등장하는 경우는 거의 없고, 일상적인 대화가 많으니 중학교 수준의 기본 어휘로도 어느 정도 커버가 되기도 하지. 또한, 직업의 종류도 다양하고 대화의 내용이 반드시 직업과 관련이 없는 경우도 많기 때문에 직업 관련 어휘에 시간 투자를 많이 하기에는 현실적으로 좀 가성비가 떨어져. 그러니 지금 갖고 있는 수능 듣기 문제집 부록으로 나와 있는 어휘 정도만 암기하면 돼.

전술 2.

이것도 '끝날 때까지 끝난 게 아니다.' 이 유형은 정답의 단서가 한 군데, 한 문장이 아니야. 힌트가 상황 전체에 퍼져 있으니 어느 한 부분만 듣고 판단해서는 안 돼. 다시 강조할게. 반드시 대화 전체를 다 듣고 판단해야 해.

전술 3.

두 사람이 대화하는 이유, 즉 대화의 목적을 파악해야 해. 무려 수능인데, 친구들끼리 심심해서 small talk 하는 걸 문제로 낼 리가 없잖아? 이 유형의 대화에는 목적이 있어. 두 사람이 말하는 목적을 파악하는 게 이 유형의 핵심이야. 주로 부탁-수락, 판매-구매, 질문-답변, 문제 발생-해결 등의 상황이 등장해. 두 사람의 관계 문제는 결국 1번 목적 문제처 대화의 핵심 내용(=목적)을 잡는 거야. 두 사람이 대화하는 목적이 파악되면 관계는 자연스럽게 알 수 있으니까. 두 사람의 관계와 대화의 목적은 상호 연결되어 있으니 어느 한 부분만 집중하지 말고 대화의 흐름에서 자연스럽게 파악해보자.

4강 그림 불일치 4번

잠시 쉬어가는 코너. 다른 그림 찾기야. 여기는 눈만 있으면 맞힐 수 있어. 아래 전술 보고 절대 실수하지 않도록.

전에 한번은 이런 적이 있었어. 쌤 제자 중에서 어린 시절 잠깐의 외국 생활을 했던 학생이 있었는데 그 녀석에게는 스코틀랜드 네스호(Loch Ness)의 실체 없는 호수 괴물 네시(Nessie)와 같은 '감(感)'이 있었지. 문제를 풀 때 "이게 왜 답인지 설명은 할 수 없지만, 이게 맞으니까 답이다"라고 했으니까. 사실 이 녀석은 듣기를 하면서 2, 3, 4페이지는 전부 다 풀어버리는 고수였어. 드라마 보면서 수학 숙제하면서 밥까지 먹는 느낌이랄까? 그날도 여느 때처럼 듣기와 독해를 마구 넘나들며 화려한 '동시 풀기' 기술을 시전하고 있었지. 그러다 그림일치 문제에서 잠시 정신줄을 놓아버린 거야. 선지 ①, ②, ③ 나올 때 신나게 독해를 풀다가 타이밍을 놓쳐서 그만 'on the'를 'under'로 잘 못 들어버리는 유치한 실수를 해버렸지. 여기서 우리가 취할 교훈은 바로, '까불지 말자'야. 항상 주의해. 너흰 생각보다 허술해.

전술 1.

무조건 선지 순서대로 ①, ②, ③, ④, ⑤가 차례로 언급돼. 따라서 문제가 시작되는 ①번부터 그림과 일치하지 않는 내용을 이야기할 가능성은 매우 낮지. 이 유형은 둘의 대화로 이루어지는데 학생들이 어느 정도 내용 파악을 하게 만들어 주고, 그다음에 그림과 일치하지 않는 선지를 찾게 만들기 때문이야. 주로 정답이 선지 뒤 번호인 ③, ④, ⑤에 위치하는 것도 그 이유지.

5개년 기출모의고사 30회분 중에서 이 유형의 답이 ①번, ②번인 경우는 단 한 번도 없었고, ③번인 경우는 단 4번뿐이었어(2021. 6. 4번, 2019. 9. 6번, 2018. 6. 6번, 2017. 3. 6번). 나머지는 2:1 비율로 ⑤번, ④번이었지. 이변이 없는 한 ⑤번, ④번이 정답이 될 가능성이 87%가 되는 것이야. 따라서 결론은 ③번부터 집중할 것.

5강 화자가 할 일 5번

이 유형도 남녀의 대화이지. 여자가 남자를 위해 할 일을 고르거나, 남자가 여자를 위해 할 일을 고르는 것이야. 이 문제의 전술은 간단해.

우선 한국교육과정평가원 가이드라인 분석부터.

평가 요소

- 이 문항은 대화나 담화를 듣고 대화나 담화에서 언급된 세부 정보를 파악하는 능력을 측정하는 문항이다.
- 이 문항은 2015 개정 교육과정 성취기준 '일반적/다양한 주제에 관한 말이나 대화를 듣고 세부 정보를 파악할 수 있다'와 연관된다.

문항 풀이를 위한 주요 개념·원리

- 본 문항의 정답을 찾기 위해서는 대화나 담화의 전체적인 흐름을 이해하면서 특정 세부 정보를 정확하게 파악하는 것이 중요하다.

학습 안내

- 세부 정보 파악 유형의 경우 대화나 담화의 상황과 목적에 대한 전반적인 이해를 바탕으로 요구되는 세부 정보를 정확히 파악하는 능력을 요한다. 이를 위해서 교육과정에서 요구하는 '다양한 일반적 주제'에 대한 대화나 담화를 오랜 시간 꾸준히 듣고 학습하는 과정을 거쳐야 한다.
- 평상 시 다양한 맥락과 상황에서 이루어지는 대화나 담화를 주기적으로 학습해야 한다. 대화나 담화가 이루어지는 상황, 목적 등 전체적인 맥락을 이해하려고 노력하고, 이를 바탕으로 필요한 세부 정보를 찾는 연습을 해야 한다.
- 세부 정보 파악 유형에 효과적으로 대비하기 위해서는 주어지는 정보에 대한 정확한 이해가 이루어져야 하며, 이를 위해서는 평소 받아쓰기 연습을 꾸준히 실천하는 것이 효과적이다. 받아쓰기를 할 때에는 자신의 수준을 고려하여 핵심 정보만을 받아쓰기, 문장 전체를 여러 번 듣고 받아쓰기 등으로 구분하여 실시하는 것이 좋다.

이 유형은 세부정보파악에 해당돼. 위의 가이드라인이 한국교육과정평가원의 세부정보파악 학습안내야. 하이라이트 된 부분을 보면, '전체적인 맥락을 이해하면서 세부정보를 파악해야 한다'라고 되어있지. 그런데 사실 이 유형은 대화의 마지막에 단서가 나와.

전술 1.

대화의 하단부, 마지막에 집중한다. 정답의 단서는 늘 뒤에 나오기든.

전술 2.

문제에 따라서 남자가 할 일을 여자가 얘기 해주기도 하고, 남자가 자기 입으로 말하기도 해. 반대의 경우도 마찬가지이지.

따라서 남자가 할 일이든 여자이든 특정 성별에 치중하지 말고 두 사람 말을 다 들을 것!

계산문제는 귀로 듣고 눈으로 푸는 게 아니라 손으로 푸는 거야! 반드시 흔적을 남겨야 해. 그럼 무슨 흔적을 어떻게 남겨야 되냐고? 아래 보고 잘 따라 해 봐.

전술 1.

문제가 시작되기 전에 너희들은 시험지에 다음과 같이 # 모양을 그려놔. 아주 단순하게. 가로줄 2개 세로줄 2개. 그림과 같이 왼쪽 세로줄에는 각각 A, B를 써넣어. A, B는 대화 중 나오는 아이템을 말하는데 무슨 물건을 사든 상관없이 우리는 그냥 A, B로 쓸 거야. 맨 윗줄 '가격', '갯수'는 안 써놔도 돼. 너희들이 그 자리에 가격과 개수를 쓴다는 것만 스스로 알면 되니까. 그리고 # 아래쪽에 할인가격 또는 할인율을 적어 이 부분은 대화 중반부에 나올 수도 있고 후반부에 나올 수도 있으니 안심하고 있다가 놓치지 말고 대화 처음부터 집중해.

	가격	갯수
A		
B		

할인 가격 / 할인율
추가 금액 (ex. 배송료)
기타 (결제 방식. 할부)

보통 대화의 앞부분은 대화가 일어나는 장소에 대한 정보로 시작돼. 이곳이 무엇을 파는 곳 인지를 우리에게 알려주는 거야. 고객이 자신은 무엇을 사러 왔다고 말을 하거나, 식당에서 식사하거나 각종 서비스를 이용한 뒤 최종 비용을 계산하는 경우가 대부분이지. 따라서 앞부분은 가볍게 상황 파악만 하면 되고, 잘못 알아들었던 부분이 있어도 졸지 말고 평정심을 유지해. 계산할 아이템이 나올 때까지.

계산할 아이템은 보통 두 가지야. 아주 가끔 세 가지가 언급되기도 하는데 최종 계산은 결국 두 가지로 결정하는 게 대부분이야. (A는 선택해놓고 B와 C 중에서 한 가지를 버리는 식) 과정이야 어찌 되었든 아이템은 두 가지고 이에 따른 가격도 나오지. 앞서 말한 것처럼, 아이템이 무엇인지 명확히 들으면 좋겠지만 못 들었어도 상관없어. 아이템 종류를 영어나 한글로 써 놓을 필요조차 없어. 우리는 그냥 A, B로 갈 거니까.

전술 2.

이것도 진짜 중요한데, 방송을 듣고 저 표 위에 적어 놓을 때 반드시 단위까지 적어놔야 해. 예를 들어 'A라는 물건이 하나에 20불이고 3개를 구매할 것이다'라고 한다면

$20 × 3개 이런 식으로 말이야.

↑ ↑ 여기 빨간색으로 표시된 단위를 늘 함께 적는 연습을 해야 해.

그래야 계산을 놓쳐도 나중에 다시 와서 답을 찾을 수 있거든. 꼭 습관을 들이도록!

전술 3.

보통 대화가 전개되는 순서가 가격→개수→할인 or 추가금이야. 대부분은 가격 먼저 이야기하고 개수를 말한 뒤 마지막에 판매자가 할인을 이야기하지.

여기서 주의할 점! 할인이 %로 들어가는지, $로 들어가는지 반드시 잘 들어야 해. 예를 들어 10%라면 총 가격에서 10분의 1을 빼는 것이고 $10 할인 이라면 그냥 $10를 빼야지. 또한, 할인해줄 경우 두 아이템 중 어느 한 아이템만을 할인해줄 수도 있으니 주의해. 매우 드물지만, 배송료 등으로 마지막에 추가금을 요구하는 경우도 있으니 끝까지 잘 듣길 바라.

2022학년도 9월 평가원 모의고사에서 이 부분에서 실수한 친구들이 많았어.

M: Well, if you buy the lighter one, I can give you a dozen shuttlecocks worth $10 for free. You'll need shuttlecocks anyway.

여기 밑줄 친 부분에서 숫자에만 집중하다가 $10에 꽂혀서 뒤에 for free를 놓친 거야. 10불짜리 셔틀콕을 무료로 주겠다는 것인데 말이지. 그러니 끝까지 신중하게 듣도록 해.

(아직 수능에 나오지는 않았지만, 파격적으로 N분의 1로 나눠 내는 것도 나올 수 있겠다는 미래지향적인 생각을 해본 Dee쌤이야.)

7강 아이유 말고, 이유 7번

이 유형은 문제에서 벌써 답을 반은 알려주는 혜자스러운 개꿀유형이야. 문제 자체가 이런 식이야.

> **7.** 대화를 듣고, 남자가 Career Day 행사 장소를 변경하려는 이유를 고르시오.
>
> ① 초청 강사의 요청이 있어서
> ② 다른 행사와 장소가 겹쳐서
> ③ 신청 학생이 예상보다 많아서
> ④ 보수 공사 소음이 시끄러워서
> ⑤ 세미나실 프로젝터가 고장 나서

벌써 문제에서 누구 말을 들어야 할지(남자), 그 사람에게 무슨 일이 있었는지(Career Day 행사 장소를 변경하려고 함) 다 알려주었잖아. 이제 남자 이야기를 경청해 보자고.

전술 1.

문제를 잘 읽고 단서를 뽑아내자. 위의 노란색, 파란색처럼. 문제에서 내용 반은 먹고 들어간다.

전술 2.

문제가 시키는 대로 하자.

'남자가 ~한 이유를 고르시오.'→ 남자 얘길 잘 듣자.

'여자가 ~한 이유를 고르시오.'→ 여자 얘길 잘 듣자.

이것도 기본 중의 상기본. 기본 알지? 쉬운 거 아니고 중요한 거!

8강 언급되지 않은 것 8번

와, 이건 무조건이야. 무조건 맞혀야 하는 문제. 이것도 선지 순서대로 방송에서 언급이 돼. 따라서 들으면서 소거법을 사용하면 되지. 소거법이 뭔지 모르는 친구들을 위해 친절한 Dee쌤이 잠시 설명해 줄게.

소거법은 원래 수학 용어야.

"둘 이상의 미지수를 가진 방정식에서
특정한 미지수를 없애 연립 방정식을 푸는 방법

이라는 정의를 가지고 있어. 그런데 우리는 문제 풀이에 이것을 활용할 것이니까 좀 간단하게 말하면…

그냥 오답 지우는 거지 뭐. 그럼 이제부터가 핵심!

전술 1.

너희들이 방송을 들으면서 ①번부터 들리는 대로 하나씩 지울 거 아냐. 그럼 중간에 ①번 언급 후, ②번 언급하지 않고 ③번으로 훅~! 마디 점프하면 당연히 ②번이 답인 거잖아? 그런데 대부분 학생들은 이게 또 불안해서 끝까지 다 언급되는지를 ⑤번까지 다 듣고 있거든. 그런데 그럴 필요가 없어.

나머지 선지가 마디 점프하는 바로 그 구간이 답이야. 끝까지 듣지 말고 건너뛰는 선지를 답으로 체크한 뒤 다음 문제로 넘어갈 것. (시간적 여유가 있으면 수능영어 시험지 4page의 실용문 다녀 오실게요.)

9강 내용 불일치 9번

이 유형의 전략도 역시 소거법이야.

우선 담화의 내용 불일치 문제 풀이법부터 설명하고 정리해줄게.

선지 네 개 중에서 일치하지 않는 하나를 찾는 문제지. 이 문제는 방송의 내용이 선지 순서대로 나와. 즉, ①번 다음에 ②번 나오고, 다음에 ③번, 다음에 ④번, 그리고 마지막으로 ⑤번이 나오지. 그러니까 ①번부터 눈 고정하고 하나씩 지우는 거야. 당연히 맞는 내용을 지우는 거지. 틀린 것 찾는 문제니까.

그런데 듣다 보니 중간에 아리송한 부분이 있을 수 있어. 이렇게 정답을 확신할 수 없는 경우에는 선지 마지막까지 꼭 잘 들어야 해. 앞에 나온 유형 중에서 "언급되지 않은 내용"을 찾는 문항의 공략법과는 차이가 있지. 언급되지 않은 내용 찾기 유형의 경우는 앞서 말한 바와 같이 마디 점프 구간이 바로 답이지. 그러니 뒤 내용까지 들을 필요가 없다고 했었어. 그런데 이번 유형인 내용 불일치 문제는 4등급 이하 학생은 반드시 끝까지 듣길 강력히 추천하는 바야. 아, 1, 2, 3등급 친구들은 마디 점프 허용할게!

전술 1.

선지를 미리 읽어 내용을 예측해야 해. 방송이 시작되면 하나씩 눈 고정하고 선지 순서대로 지울 거니까.

전술 2.

비슷한 듯, 다른 8번 문항과 9번 문항을 아래와 같이 정리해 놓았으니 꼼꼼히 읽어봐.

<table>
<tr><th></th><th>언급되지 않은 내용 찾기 8번 문항</th><th>내용 불일치 찾기 9번 문항</th></tr>
<tr><td>공통점</td><td colspan="2">하나, 선지 ①번부터 ⑤번까지 방송에서 순서대로 언급한다.
둘, 눈은 ①번부터 고정해놓고 방송 내용 들으며 하나씩 지워나간다.
선지를 미리 볼 필요없다.</td></tr>
<tr><td>차이점</td><td>선지 ①번부터 하나씩 언급해 나가다가 마디 점프하는 구간이 있다. 거기가 답이다. 예를 들어 ①번 언급, ②언급 안 하고 마디 점프하고 ③번 언급, 여기까지 나왔으면 끝까지 들어볼 필요 없이 마디 점프한 구간인 ②번이 답이다.

예시)
<table>
<tr><td>①</td><td>②</td><td>③</td><td rowspan="3">④번
⑤번
들을
필요
없음</td></tr>
<tr><td>언급</td><td>미
언급</td><td>언급</td></tr>
<tr><td></td><td>마디
점프
구간</td><td></td></tr>
</table>
마디 점프한 구간이 답!</td><td>내용이 불일치 하는 선지라 할지라도 언급은 해주므로 마디 점프 구간이 없다.
따라서 중간에 답을 100% 확신할 수 없다면 선지 ⑤번까지 다 들어 내용과 일치하는지 확인한다.

예시)
<table>
<tr><td>①</td><td>②</td><td>③</td><td>④</td><td>⑤</td></tr>
<tr><td>언급</td><td>언급</td><td>언급</td><td>미
언급</td><td>언급</td></tr>
</table>
④번이 답이지만
끝까지 다 듣는다.
(단, 듣기 점수 잘 나오는 학생은 마디 점프 허용)</td></tr>
</table>

전술 1.

이 유형은 화자가 반드시 왼쪽에서 오른쪽으로 차례로 언급을 해.

10. 다음 표를 보면서 대화를 듣고, 남자가 주문할 자전거를 고르시오.

Bicycles for Commuters

	Model	Color	Price	Frame Size	Foldable
①	A	Black	$190	Small	×
②	B	Yellow	$210	Medium	×
③	C	Silver	$270	Large	×
④	D	White	$290	Large	○
⑤	E	Blue	$320	Medium	○

2021년 6월 평가원 모의고사

이 경우 언급하는 순서가 Color→Price→Frame Size→Foldable인 것이지. 따라서 방송을 들으면서 왼→오른으로 차근차근 선지 하나씩 소거!

전술 2.

가격이 나오는 경우 다음과 같은 표현으로 자신의 예산 즉, 지불할 수 있는 돈의 상한선을 표현해. 모두 '얼마 이상은 지불할 수 없다'는 내용이야. (얼마 이상은 지불할 수 없다니.. 단호박인 것이 이건 마치 가격흥정을 하시는 엄마를 보는 것 같네.) 빈출 표현들이니 꼭 숙지 해놓아야겠지? 수능 및 기출모의고사의 예문에서 확인해 보자.

[도표 문제 예산 핵심 표현]

출처	도표 – 예산 기출 표현
2021. 수능	I don't want to spend more than $10
2020. 수능	Our company policy doesn't allow us to spend more than $800 per ticket.
2019. 수능	No more than $50
2018. 수능	I don't want to spend more than $80
2020. 10.	I'd like to stay under $100
2022. 9.	I definitely don't want to spend more than $100.
2020. 9.	My maximum budget is $60
2019. 9.	I don't want to spend more than $60
2018. 9.	It's better not spend more than $40
2017. 9.	I don't think we can afford more than $80
2019. 7.	I don't want to pay more than $90 for it
2021. 6.	I don't want to spend more than $100
2020. 6.	Let's go for a model under $40.
2019. 6.	We can't afford a table over $500.
2017. 6.	I don't want to spend more than $200
2018. 4.	Don't you think spending over $50 is a little too much?
2019. 4.	We can't afford to spend more than $800
2019. 3.	I want something under $100

전출 3.

걸러내는 표현을 익히자. (선택에서 제외시키기)

[도표 문제 – 원치 않는 물건 걸러내기]

출처	도표 – 제외 기출 표현
2019. 수능	I don't want the plastic one.
2019. 수능	I'll buy the other model
2018. 수능	I'll buy the other one.
2022. 9.	I don't like the feel of the silicone. It feels weird.
2021. 9.	I think 48 crayons are **too** many for a six year old.
2020. 7.	I don't think it's necessary.
2020. 6.	I think a picture frame over that price is **too** expensive.
2020. 6.	White gets dirty **too** easily.
2019. 9.	So, I want the other one.
2018. 9.	I think 10 cups would be **too** big.
2019. 6.	That won't match our wallpaper very well.
2019. 6.	Let's buy the other one.
2018. 6.	I think 8 o'clock is **too** late.
2017. 6.	Blue is not my color, though.
2018. 4.	Don't you think spending over $50 is a little **too** much?
2017. 4.	I don't think it's a good idea to buy a set with more than 10 books.
2018. 3.	I don't think I need that feature.

전술 4.

도표 문제에서는 위의 표현 이외에도 화자가 원하거나 원하지 않는 옵션을 비교급 표현들로 걸러내는 경우가 많아. 그러니 비교급 표현에 집중해야 해! 비교급 표현은 거의 시험마다 등장해서 예시를 일일이 나열하기도 힘들 정도야. 기본은 쉬운 게 아니라 중요한 것! 비교급은 바로 그 '기본'이야.

기출에 나타난 비교급 예)

closer(2021. 6.), less than/more than(2020.9.), more stylish(2019. 6.), bigger than(2019. 9.), lighter than(2017. 6.), cheaper(2018. 6.), last longer(2017. 4.), more expensive(2018. 3.), longer battery life(2018. 3.), less durable than(2019. 3.)

전술 5.

다음은 선택할 때 쓰는 표현이야. 화자가 대화 중 with(~을 가진, ~이 달린) / without(~이 없는)으로 원하는, 혹은 원하지 않는 옵션을 말하니 이 표현도 반드시 기억하도록.

출처	선택할 때 쓰는 표현
2020. 3.	We will go with HD
2018. 3.	I'll take it. (그것을 살게요.)
2020. 4.	Let's take this lesson

2019. 4.	Then let's go for it.
2018. 6.	It's settled then.
2019. 7.	I'd like the one with the higher customer rating.
2022. 9	Perfect. I'll take it.
2021. 9.	Then, it's settled. Let's buy this one.
2019. 9.	It's decided.

도표 문제는 물건인 경우가 대부분이지만, 강좌의 안내나 시간표 등이 나오는 경우도 있어. 푸는 방식은 같으니 반드시 맞추기 바라. 만약 틀리면 전국에서 나만 틀렸다고 생각하고 자책해야 할 정도로 쉬운 유형이니까 반드시 맞히도록!

이 유형의 짧은 대화는 남-여-남 혹은 여-남-여 이렇게 세 문장으로 이루어지고 우리가 해야 할 일은 네 번째 나올 문장을 완성하는 거야.

남-여-남-답

여-남-여-답

전술 1.

반드시 문제 나오기 전에 선지부터 미리 보고 선지마다 있는 키워드에 동그라미 쳐둬.

전술 2.

자, 오답을 걸러내 보자. 이렇듯 단 세 번의 짧은 대사를 근거로 답을 찾아야 하는데 사실 문제가 그다 어렵지는 않아. 그런데 평가원에서는 '오답' 선지를 그 세 번의 대사 안에서 사용된 어휘를 활용해서 만들어 놓기도 해. 정답 아니고 오답 말이야. 부분적으로 그 단어만 들어서 문제 푸는 학생을 걸러내려고. 그러니 방송을 듣다가 대화에 나온 단어가 선지에 있으면 그것은 오답일 가능성이 매우 매우 높다는 이야기야.

전술 3.

마지막 문장 (세 번째 대사)만 잘 들으면 무조건 풀린다? Nope. 이걸로 풀리는 문제가 있고 안 풀리는 문제가 있어. 물론 대부분 마지막인 세 번째 문장만 잘 들어도 문제가 쉽게 풀리기는 하는데, Dee쌤은 여러분이 듣기 다 맞고 독해도 대박 나길 원하니까 첫 대사부터 집중해서 듣도록 해줘. 어차피 시간 더 걸려 봤자 몇 초니까 괜히 독해 Part 가지 말고 꼼짝 말라고.

전술 4.

마지막 문장만을 듣고 풀 때는 선지에 있는 문장들의 시제에도 신경을 써야 해. 느닷없이 혼자 시제가 다른 선지는 오답이겠지?

전술 5.

마지막 대사 화자의 의도를 생각할 것.

마지막 대사가 의문형(질문)이면 그에 대해 대답하면 되니까 이건 쉬운데, 마지막 대사가 평서문이면 좀 어렵게 느껴질 수 있어. 심지어 마지막 대사가 의문형(질문)이 아닌데도 대답형이 정답이 되는 경우도 있어.

이럴 때는 형태에 신경 쓰지 말고 그 의도를 생각해서 답을 하면 돼.

마지막 문장	정답
의견	다른 의견
	동조

요청/요구	수락
	거절
질문	대답
문제	해결

12강 긴 대화 화자의 응답 13, 14번: 문제 나오기 전에 선지 미리 볼 것

드디어 나왔다. 리스닝 빌런(Listening Villain)! 너희들이 가장 어려워하는 유형이지.

독해 빌런인 빈칸 문제, 순서, 삽입 문제도 3점인데, 이 유형도 3점이 배정되었으니 정말 비중이 높은 거야. 그래도 순식간에 지나가는 듣기 문제를 맞히는 것이 독해 빌런 문제 맞히는 것보다 훨씬 쉬운 것이니 꾸준한 연습을 통해서 반드시 맞추길 바라.

위에 있는 11번, 12번 같은 경우는 답을 제외한 대사의 수가 세 개에 불과했는데 이 유형은 열 개가 넘어. 여(W) 남(M)으로 표시해보면

W-M-W-M-W-M-W-M-W-M-답

M-W-M-W-M-W-M-W-M-W-답

이런 식으로 엄청 길어.

전술 1.

문제 나오기 전에 반드시 선지부터 미리 보고 가능하다면 해석을 해놔.

전술 2.

1단계	2단계	3단계
W-M-W-M-W-M-W-M-W-M-W-답		
소개/배경	→ 사건 or 상황 발생	→ 해결 or 상황 종료

10줄 이상의 대사는 이런 식으로 내용이 나눠지는 경우가 많아. 따라서 우리가 찾아야 할 답은 문제 해결에 해당하는 부분이지. 3단계 해결 상황은 반드시 구체적인 해결책만이 답이 되는 것은 아니고 다음과 같이 다양한 종류의 답변이 가능해.

[의견 / 제안 / 문제 해결 / 위로 / 축하 / 사양 / 감사 / 충고]

전술 3.

앞서 등장한 11번, 12번 문제는 워낙 대화가 짧으니 전체적인 대화를 다 듣고 푸는 것이 좋다고 했었지? 그런데 긴 대화의 대답 유형인 13번 14번은 거의 마지막 부분을 집중해서 들으면 답이 나와. 후반부에 집약적으로 답의 근거가 나와 있다고. 하지만 마지막 문장만으로는 애매한 경우가 있지. 그리고 대화가 언제 끝날지도 모르는 상황이니 대화를 들으면서는 마지막 문장이 무엇인지 모르잖아. 그러니 대화가 후반부쯤 흘러간다 싶으면 더 긴장하고 들어야 해. 긴 대화 속에서 앞부분이 기억나지 않아도 좌절하지 말고 뒷부분에 집중하도록.

전술 1.

우선 문제 나오기 전에 선지 미리 보는 거 잊지 마. 이 유형은 문제가 " ~가 ~에게 할 말로 가장 알맞은 것은?" 이렇게 나와. 그리고 방송의 마지막 부분에,

A wants to tell B 여기가 답, In this situation, what would A probably say to B?

이 말을 반드시 할 거야. 이 대사 중
'want to' 부터 'In this situation' 사이가 답이야. 예외가 없어!

script 보여줄게. 확인해봐.

출처	상황에 맞는 말 킬링 포인트! 여기가 답이다!
2021. 수능	So, Ben wants to tell Stacy that **여기가 답** In this situation~
2020. 수능	So, she wants to tell Brian that **여기가 답** In this situation~
2019. 수능	So she wants to suggest to Cathy that **여기가 답** In this situation~
2018. 수능	Therefore, he wants to suggest to Julia that **여기가 답** In this situation~

2022. 6.	So, Rachel wants to suggest to Kevin that 여기가 답 In this situation~
2021. 6.	So she wants to suggest to Steve that 여기가 답 In this situation~
2021. 9.	So, Jane wants to suggest that Andrew ~ 여기가 답 In this situation~
2020. 3.	He wants to advise Jane to fully understand 여기가 답 In this situation~
2020. 6.	So, Peter wants to tell his grandmother that 여기가 답 In this situation~
2020. 9.	Ms. Green wants Steven to check 여기가 답 In this situation~
2019. 3.	So, Rita wants to tell him if 여기가 답 In this situation~
2019. 6.	So, Marcus wants to tell Judy that 여기가 답 In this situation~
2019. 9.	So, Brian, the team leader wants to tell Ms. Clark that 여기가 답 In this situation~
2018. 3.	He wants to suggest 여기가 답 to her~ In this situation~
2018. 6.	So, she wants to tell Ben that 여기가 답 In this situation~
2018. 9.	So she wants to ask David if 여기가 답 In this situation~

이 유형은 1지문 2문항이야. 하나의 방송을 듣고 두 문제를 푸는 건데 이걸 또 친절하게 두 번 들려주네? 개꿀~!!!

전술 1.

- 여기서는 등급별로 전술이 달라지지.

▶ 1 등급, 2 등급, 3 등급

방송을 두 번 들려준다고 해서 우리에게 시간이 두 배로 주어지는 것이 아니야. 방심하지 말라고. 반드시 한 번에 해결한다! 처음 방송 나올 때 한 번 듣고 두 문제를 동시에 풀어야 해. 눈은 17번에 고정하고 소거법으로 푼 뒤 17번 해결했으면 위로 올라가서 16번을 풀어. 그리고 두 번째 방송이 나올 때는 바로 독해 part로 넘어가서 시간을 절약할 수 있도록 하자!

전술 2.

▶ 4등급 이하

방송이 두 번 나온다고 해서 절대로 한 번에 한 문제씩 푸는 거 아니야. 처음 방송 나올 때 두 문제 다 푸는 거야. 17번에 눈 고정하고 소거법으로 푼 뒤 바로 16번 문제를 맞춰야 해. 16번부터 문제를 풀면 방송 한

번에 한 문제씩밖에 풀 수가 없거든. 첫 번째 방송 때 16번 풀고, 두 번째 방송 때 17번 풀면 안 돼!

자, 그럼 위의 전술과 뭐가 다르냐. 차이는 이거야. 1, 2, 3등급 학생들처럼 우리도 첫 방송 때 한 번에 두 문제 풀어내는 연습을 엄청나게 해야 해. 그리고 두 번째 방송 때 독해로 넘어가는 게 아니라 풀어낸 내용을 확인하는 용도로 사용하는 거야. 옆에 앉은 친구들 시험지 넘겨가며 뒷장 푼다고 절대로 따라 하지 마. 시간 아까워할 필요도 절대로 없어. 우리는 뒤에 있는 독해 문제 푸는 것보다 이 듣기 문제를 정확히 맞히는 게 훨씬 이득이야. 훨씬 쉽기도 하고.

전술 3.

이 유형은 16번 답이 먼저 나오고 17번 답이 나오는 것이 국룰이지. 혹시 예외가 있었을까? 기출모의고사 30회분의 script를 싹 뒤져보니…

앗;;; 2018년 10월에 딱! 한 번 있더라고 -_-;; 이때는 주제가 등장하기도 전에 17번 선지 ①번과 ②번이 먼저 나왔고, 그다음 주제가 나온 뒤, 선지 ③번, ④번, ⑤번이 차례로 등장했어. 그래도 정답률은 16번 90%, 17번 93%로 상당히 쉬웠지. 국룰의 예외가 등장할지라도 충분히 맞힐 수 있다는 얘기야. 그러니 걱정하지 말고 국룰 계속 지켜주시길~!

전술 4.

16번 구성은 인사→소개→본론 이렇게 전개가 되는데, 그래서 보통 16

번 답이 되는 문장은 세 번째 문장 즈음이 되겠어.

보통 "Today, ~" 하면서 오늘의 주제를 읊어줄 것이니까 여기서 답을 찾으면 되겠지? 물론 "Today, ~" 없이도 바로 본론으로 들어가니까 세 번째 문장에 집중하면 어렵지 않게 맞출 수가 있어.

17번은 앞에서 설명한 수능 듣기 8번 문제와 같아. 마디 점프 스킬을 시전해 보자!

축하해! 이제 원하는 대학으로 가는 가장 쉬운 방법인 '영어' (등급 따기 가장 쉬운 과목)의 3분의 1을 정복했어. 다음 Stage인 독해 Part로 가 볼까? 지금의 그 tension 그대로~! 그럼, 시작해 보자!

II

독해 편

독해 들어가기 전에 잠깐 머리 좀 식혀보자. 책의 서두에서 쌤이 〈타이탄의 도구〉에 나온 토니 로빈스의 이야기를 잠깐 했어. 그는 세계에서 가장 유명한 성과향상 코치야. 그의 일화를 하나 더 소개할까 해.

> 토니는 이렇게 말했다. "언젠가 나는 넬슨 만델라에게 물었다. '감옥에서 그 세월을 어떻게 견디셨습니까?' 그러자 넬슨 만델라가 답했다. '난 견뎌낸 게 아니라오. 준비하고 있었던 거지.'"
>
> 〈타이탄의 도구〉, p. 95.

알다시피 넬슨 만델라는 남아공 최초의 흑인 대통령으로 인종차별 정책을 철폐하였고 노벨평화상을 수상한 분이지. 무려 27년의 억울한 감옥생활에 대해 받은 질문에 그분은 이렇게 대답했던 거야.

'난 견뎌낸 게 아니라오. 준비하고 있었던 거지.'

이 글귀의 정확한 페이지를 찾아보려고 책장에 꽂힌 〈타이탄의 도구〉를 꺼내어 펼쳐 보니 Dee쌤이 연필로 옆에 작게 적어놨더라고.

'코로나 시대의 해법'

우리는 세계사에 속에 남을 만한 팬데믹(Pandemic)인 코로나 19로 전례 없는 변화를 겪고 있어. 어쩌면 너희들은 억울할지 몰라. "왜 하필이면 내가 고3 때야", "대학 가 봤자 코로나 때문에 마음껏 놀지도 못하고, 대학 생활도 누리지 못하고, 온라인으로 수업 들을 텐데…"

심지어 어떤 학생은 "수능이 얼마 안 남았고 지금 준비가 안 돼 있으니 어차피 즐기지도 못할 대학, 안 가고 재수하겠다"라며 벌써 내년을 생각하기도 하더라고.

그런데 얘들아. 대학은 놀기 위해 가는 곳이 아니야. 물론 너희들에게 자유가 주어져서 지금보다는 할 수 있는 것, 누릴 수 있는 것이 많아 훨씬 즐거운 건 사실이야. 성인이 되어 제약 없이 하고 싶은 것을 하는 것만으로도 내일이 안 와도 좋을 만큼 재밌고 행복해. 하지만 대학은 미래를 준비하는 곳이고 너희에게 이십 대 초반은 인생 절정기의 기반을 다지는 시기야. 이 시기를 어떻게 보내느냐가 100세 시대의 나머지 80년을 좌우한다고 봐도 과언이 아닐 정도라고.

아직 수능을 보지도 않은 상태인데, 지금 준비가 안 돼 있으니 내년을 기약하겠다는 친구들은 내년 이맘때 될 때까지 놀다가 또 내 후년을 기약할 수도 있어. 사람은 큰 계기가 없으면 어지간해서는 변하지 않거든. 그것도 이렇게 단기간에는 더더욱. 혹시 이렇게 생각한 친구들 있다면 정신 차려. 지금 안 하면 그때도 안 해.

> 과거로 돌아가서 시작을 바꿀 수는 없다.
>
> 하지만 지금부터 시작하여 미래의 결과를 바꿀 수는 있다.
>
> C.S.루이스 (C.S. Lewis)

이 책을 읽고 있는 지금, 수능은 과거가 아니라 미래라는 것을 기억해. 암울한 감옥생활을 '견딘 것'이 아니라 '준비하고 있었던 것'이라는 넬슨 만델라처럼 너희도 이 시기를 '준비하는 시기'로 받아들였으면 해. 코로나가 끝나고 생길 대한민국, 아니 전 세계의 새로운 변화를 너희들이 이끌어 갔으면 좋겠어. 마이크로 소프트 창립자 빌 게이츠(Bill Gates)도, 테슬라 CEO 일런 머스크(Elon Musk)도 너희들만 할 때는 그냥 다 평범한 고등학생이었어. 지금 네 옆에 앉아있는 그 찌질이 범생이가 나중에 마크 저커버그(Mark Elliot Zuckerberg, Facebook CEO)처럼 될 수도 있는 거야. 지금은 몰라. 다 똑같은 고등학생이니까. 그래서 너희도 가능해. 그게 바로 네가 될 수도 있다고.

그러니 준비하자. 유튜브 볼 시간에 지금 너희 자리에서 할 수 있는 최선이 무엇인지 생각하고 고민해. 그리고 앞서가자. 코로나가 종식되고 남들 할 때 같이하면 절대로 앞서갈 수 없어. 지금부터 세상을 바꿀 미래를 준비해 나가는 거야. 그 밑거름이 현재는 공부인 거고.

"공부는, 남들 안 할 때 하고 남들 할 때도 하는 것이다."

Dee쌤

자, 이제 본격적으로 독해도 초전박살 내보자. 수능 영어지문을 읽을 때 우리는 모든 문장을 따박따박 해석할 필요는 없어. 중요한 문장과 중요하지 않은 문장을 구별하여 중요한 문장 골라내는 게 수능의 핵심이야. 그것이 평가원이 우리에게 요구하는 능력이라고. 그래서 모르는 단어가 있어도 괜찮아. 단락 전체를 대표하는 핵심 아이디어를 담고 있는 문장만 찾으면 되는데 그게 쉽지가 않지. 그래서 제발 알아보라고 친절하게 자꾸 반복을 해주거든. 반복 표현에 집중하면 대부분은 해결이 돼. 자, 시작할게.

1강 대체 무슨 꿍꿍이 인거죠? 18번 목적파악

한국교육과정평가원의 가이드라인부터 분석!

학습 안내

- 글의 목적을 파악하는 문항을 해결하기 위해서는 먼저 주요 어휘와 글의 형식, 수신자와 발신자 등의 관계를 파악하고, 글의 주제를 추론해 보아야 한다. 이후 글의 세부 내용을 파악한 뒤 글의 주제와 세부 내용을 종합하여 글의 목적을 재확인해야 한다.

문항 풀이를 위한 주요 개념·원리

- 글의 목적을 묻는 문항은 필자가 글을 쓴 의도를 정확하게 파악하는 능력을 측정하는 유형으로 편지글, 광고문, 기고문 등이 주로 지문으로 사용된다. 지문에서 도입부를 확인하여 글의 유형과 중심 소재가 무엇인지 파악한 뒤, 글의 전개 과정에서 나타난 필자의 의도를 파악하여 글의 전반적 맥락에 기반을 두어 제시된 여러 정보를 종합하면, 글의 목적을 정확히 찾을 수 있다.

하이라이트 된 부분을 요약하면,

1) 지문 도입부: 글의 유형과 중심소재 파악 → 전개 과정: 의도 파악

2) 글의 형식, 주요 어휘, 수신자, 발신자 관계파악

자, 여기에 필승비법을 더해서 정리해줄게.

전술 1.

18번 문제는 1,2,3등급 학생이라면 같은 페이지의 듣기문제 풀면서 함께 풀 수도 있는 문제야. 듣기 문제 중간 중간에 풀기 때문에 빨리 풀어야 한다는 압박감이 있을 수 있지. 쉬운 문항이라고 만만히 보고 실수하지 않도록 해.

위 가이드라인을 보면 '지문의 도입부에서 글의 유형과 중심소재를 파악해야 한다'고 했는데 보통 18번 문항 지문의 유형은 이메일, 광고문, 기고문이야. 지문을 보자마자 글의 종류는 파악이 되니까 따로 할 것은 없고. 그럼 이제 중심소재 파악을 해야 하는데, 중심소재는 첫 문장에 나와 있어. 글의 쓴 목적을 밝히기 전에 글쓴이의 소개나 상황 설명을 하지. 자, 이제 두 번째 문장부터 읽어 내려가는데 대문자로 시작하는 고유명사는 신경 쓰지 말고 반복되는 표현이 있으면 네모라미(네모 혹은 동그라미) 치면서 글의 중반까지 읽어. 목적을 파악하려면 필자의 의도를 알아야 한다고 했지? 그래서 표시해 놓는 거야.

전술 2.

필자는 앞부분에서 본인이 쓴 글의 목적을 말하기 위한 기반 작업을 해놓거든. 상황 설명을 해놓는 거지. 그리고 중간부터 본색을 드러내. 중간 정도 읽다 보면 다음과 같은 표현이 보일 거야. 무조건 밑줄 쳐! 거기가 답이야.

[목적문제 핵심표현]

출처	18번 핵심표현 예시– 여기가 답이다	
2021. 수능	We are starting the campus food drive. This is how you participate.	방법안내
2020. 수능	I want immediate action to solve this urgent problem.	대책촉구
2019. 수능	However, I would like to change my recipe if it is possible.	변경문의
2018. 수능	Would you please let me know if it is possible to make a group reservation.	가능문의
2022. 9.	We want to invite you for the opening of the concert	참여요청
2022. 6.	So we would like to offer you further benefits.	혜택안내
2021. 9.	We very much hope that we can rent a space for the exhibition at the Garden Café Gallery during this time.	장소대관 문의
2021. 6.	I'm kindly asking you to open an additional course.	추가과정 개설요청
2020. 9.	We offer a special service that will rent you all the equipment.	장비대여 안내
2020. 6.	We are very excited to announce that we will offer the Summer Aviation Flight Camp.	캠프개최 안내

▶ 요청/문의

I'd like to, I ask you to, I want to, I was wondering if~, Would you let me know if~, I would appreciate it if~, May I~, Can I~, S+need, S+require, Please

명령문(동사원형으로 시작), 부정명령문(Don't=+동사원형~)

▶ 안내/공지

announce, inform, notify, encourage, remind, It is very important to~

[평가원이 제시한 목적 파악 문제 유형 글의 종류와 목적]

글의 종류: 편지글, 광고문, 기고문

글의 목적: 요구, 제안, 홍보, 안내, 감사, 거절, 문의

전술 3.

연결사를 유심히 볼 것! 그 많은 연결사 중에서 18번에 사용되는 건 몇 개 안 돼.

▶ 순접: Therefore, Thus

▶ 역접: However, Yet, But, Still

(사실 순접과 역접을 나타내는 연결사는 저 뒤에 빈칸추론 전술에 자세히 나와 있는데 여기서는 이 정도면 충분해.)

Dee쌤의 Ctrl

수능 단축키 1강 초간단 요약

매 강의의 수능 단축키는 반드시 위에 설명 듣고 보세요.
요약만 보아서는 이해되지 않습니다.

1. 첫 문장에서 글의 중심소재 파악.
2. 반복어휘 네모라미.
3. 목적문제 핵심표현 찾기.
4. 연결사 확인. 반전주의.

2강 변덕을 부려봐야 소용없어 19번 심경변화

주인공, 너! 변덕을 부려봐야 소용없어. 그 변덕을 우리는 반드시 잡아낼 테니까. 몇 년 전까지는 분위기 문제도 있었는데 이제 분위기 문제는 안 나와. 심경 변화 문제만 나오지. 그러니까 사람 기분에 관련된 것만 (주로 형용사, 부사, 동사) 기억하면 돼.

전술 1. 어휘가 다했다.

무조건 어휘야. 다른 것들 빼고 형용사, 동사, 부사를 보면 되는데, 그중에서도 특히 형용사에 집중해야 해. 문장을 하나하나 해석하지 말고 속독하듯이 형용사만 골라 네모라미 치면서 빠르게 확인해. 타 수능 문제집에 있는 19번 문제 풀이 전략을 비교해 볼게.

<table>
<tr><th>E사 19번 풀이 전략</th><th>찍신강림 19번 풀이 전략</th></tr>
<tr><td>1단계: 주인공을 찾는다.</td><td rowspan="3">사람의 심경을 나타내는 어휘만 집중한다.</td></tr>
<tr><td>2단계: 주인공이 처한 상황을 파악한다.</td></tr>
<tr><td>3단계: 그 상황 속에서 주인공의 심경을 유추해 본다.</td></tr>
</table>

간혹 어휘 선택으로 풀리지 않는 문제도 있어. 그럴 경우는 불가피하게 해석을 해야 해. 하지만 번역기 돌리듯 정확하게 할 필요가 없으니 안심하

라고. 그런데 단어를 몰라서 네모라미를 못 치겠다고? 그럴 줄 알고 준비했지. 심경변화에 필수적인 형용사는 전술 3. 아래 표를 보면 돼. 이 어휘들은 기본이니 반드시 암기할 것!

참, 혹시 보기에 indifferent(무관심한), monotonous(단조로운-분위기 문제 어휘)가 나오면 거 오답이니 믿고 걸러야 해. 보기에서 삭제!!!

전술 2. 맥커터를 찾아라.

중간에 흐름을 가위질✂하고 맥을 끊어버리는 맥 Cutter 어휘들이 있어. 거기가 심경이 변화되는 시점이야. 맥 Cutter에 네모라미를 치고 그걸 중심으로 앞 덩어리와 뒷 덩어리를 보면 심경의 변화가 보일 거야.

싹둑! 맥 Cutter: Suddenly, All of a sudden, Finally, However, At that moment

전술 3. 마→플/플→마

하나의 선지 당 어휘는 두 개로 구성되어 있어. 심경의 변화를 나타내기 때문에 위쪽 심경과 아래쪽 심경을 각각 하나의 형용사가 대변하지. 긍정(플러스)→부정(마이너스), 혹은 부정→긍정으로 심경이 변화하기 때문에 만약 두 개의 어휘 중에서 하나만 알고 있다면 나머지 하나는 그 반대 개념이라고 생각하면 돼. 아래 표를 보면 긍정 category와 부정 category에 있는 어휘들을 각각 하나씩 뽑아 선지가 구성될 것이야. 동일한 category 내에서 두 어휘가 다 뽑히지는 않아. 중립 category 같은 경우는 사실 심경의 변화로 표현하기에는 다소 모호한 부분이 있어. 정답이 될 가능성이 아무래도 떨어지니 주의해야 해. 아주 확실할 때만 고르길 바라.

[19번 필수어휘]

앞서 말한 것처럼, 이제는 분위기 문제는 안 나와. 심경변화 문제만 나오지. 그러니까 사람 기분에 관련된 것만 기억하면 돼. 시중에 나와 있는 수없이 많은 단어들 외우느라 고생하지 말고 딱 요것들 암기!

긍정		
admired 감탄, 찬양하는 amused 재미있는, 즐거운 anticipating 기대하는 ambitious 야망 있는 confident 자신감 있는 merry 즐거운 joyful 기뻐하는 optimistic 낙관적인 pleased 기쁜 passionate 열정적인	considerate 사려 깊은 delighted 기뻐하는 envious 부러워하는 excited 신나는, 흥분한 friendly 친절한 positive 긍정적인 proud 자랑스러워하는 relieved 안도하는 relaxed 편안한 sincere 진실된	favorable 호의적인 grateful 고마워하는 hopeful 희망에 찬 humorous 유머러스한 lively 활기찬 satisfied 만족하는 thrilled 황홀한, 흥분되는 thoughtful 배려심있는 upbeat 긍정적인,낙관적인
부정		
annoyed 짜증이 난 ashamed 부끄러운 afraid 걱정하는, 두려워하는 bored 지루한 critical 비판적인 cynical 냉소적인 confused 혼란스러워하는concerned 걱정하는 depressed 우울한 desperate 절망적인, 필	frightened 겁먹은 furious 몹시 화난 guilty 죄책감이 드는 gloomy 우울한, 침울한 horrified 겁에 질린 ironic 반어적인, 모순적인 irritated 짜증이 난, 화난 miserable 비참한 mournful 애통해하는 nervous 불안한, 초조한 negative 부정적인	uneasy 불안한 (easy 반대말 아님!!!) skeptical 의심많은, 회의적인 sarcastic 빈정대는, 비꼬는 scared 무서워하는, 겁먹은 sorrowful 슬픈 terrified 무서워하는 tense 긴장한, 긴박한(상황)

사적인discouraged 낙담한, 낙심한 disappointed 실망한 hopeless 가망없는, 절망적인 frustrated 좌절스러운	pessimistic 비관적인 regretful 후회하는 revengeful 복수심에 불타는 stressful 스트레스가 많은 serious 심각한, 진지한	upset 화난, 당황한, urgent 긴급한 (상황) worried 걱정하는
중립 / 상황에 따라 긍정일 수도 있고 부정일 수도 있음		
apologetic 미안해하는 astonished 깜짝 놀란 alarmed 깜짝 놀란 calm 침착한 determined 단호한 embarrassed 당황한	monotonous 단조로운 (분위기) neutral 중립적인 puzzled 어리둥절해하는 solemn 엄숙한, 근엄한 (분위기)	sympathetic 동정어린 surprised 놀란 indifferent 무관심한

Dee쌤의 Ctrl

수능 단축키 2강 초간단 요약

매 강의의 수능 단축키는 반드시 위에 설명 듣고 보세요.
요약만 보아서는 이해되지 않습니다.

1. 사람 기분(심경)에 관한 어휘만 집중.
2. 맥커터 네모라미. 앞뒤로 변화 확인.
3. 19번 필수어휘 암기.

20번, 22번, 23번, 24번까지 네 문제는 대의 파악이야. 굵직하게 필자의 의도를 찾아내는 것이지.

▶ 20번과 (주장 찾기) 22번은 (요지 찾기) 선지가 한글이고,

▶ 23번과 (주제 찾기) 24번은 (제목 찾기) 선지가 영어야.

따라서 두 가지씩 묶어서 설명할게. 우선 20번, 22번 주장, 요지 문제부터 간다.

주장·요지 찾기는 비교적 쉬운 유형이지. 일단 보기가 한글로 나와 있으니 얼마나 아름다워. 너무 마음이 편해지잖아. 무조건 맞혀야지! 기가 막힌 전술을 소개할게.

전술 1. 두괄식·미괄식

글의 전개 방식에는 다음과 같은 것들이 있어.

▶두괄식- 글의 첫머리에 중심 내용이 오는 산문 구성 방식.

▶중괄식- 글의 중간 부분에 중심 내용이 오는 산문 구성 방식.

▶미괄식- 문단이나 글의 끝부분에 중심 내용이 오는 산문 구성 방식.

▶양괄식- 글의 중심 내용이 앞부분과 끝부분에 반복하여 나타나는 문장 구성 방식.

기억해!

주장, 요지 파악 지문 대 부분이 미괄식이야.

그런데 아무리 미괄식이라고 해도 명색이 수능인데 불안하게 윗부분 생략하고 중간부터 읽을 수는 없잖아. 그러니 지문의 상단 부는 빠르게 읽어 내려가다가 중반부터 후반까지 힘주어 독해를 해봐.

물론 예외도 있지. 2022학년도 9월 평가원 모의고사 22번 문제의 경우 상단부에 글의 요지가 대놓고 나와 있었어. 이 글의 하단부에는 18세기 인물인 Edmund Burke의 말을 인용해서 부연설명을 해두었지만 그것만으로는 내용 이해가 쉽지 않았지. (아래 예시 참고)하지만 거의 대부분의 경우는 미괄식이니 안심해도 좋아. 지문의 아래쪽에 글쓴이의 주장이 없다면 당연히 상단 부를 확인할 테니 바로 보일거야. 따라서 보기가 한글로 되어있으면 지문 중·하단부를 집중해서 볼 것!

영어 단어나 표현을 정답 선지에 우리말로 바꿔놓은 정도가 거의 파파고 번역기 돌린 수준이야. 답을 체크하기 전 본인이 선택한 한글 선지를 영어로 표현한 문장이 있는지 제발 꼭 확인해줘. (오답이면 당연히 없을 거야. 그럼 어서 다시 풀어야지.) 쉬운 문제니까 감으로 찍지 말고 근거를 찾아야 해. 수능기출 및 평가원모의고사 기출문제에서 확인해 보자.

[주장·요지문제 미괄식·두괄식 예시]

2022년 9월 미괄식

20. 다음 글에서 필자가 주장하는 바로 가장 적절한 것은?

We live in a time when everyone seems to be looking for quick and sure solutions. Computer companies have even begun to advertise ways in which computers can replace parents. They are too late — television has already done that. Seriously, however, in every branch of education, including moral education, we make a mistake when we suppose that a particular batch of content or a particular teaching method or a particular configuration of students and space will accomplish our ends. The answer is both harder and simpler. We, parents and teachers, have to live with our children, talk to them, listen to them, enjoy their company, and show them by what we do and how we talk that it is possible to live appreciatively or, at least, nonviolently with most other people.

① 교육은 일상에서 아이들과의 상호 작용을 통해 이루어져야 한다.
② 도덕 교육을 강화하여 타인을 배려하는 공동체 의식을 높여야 한다.
③ 텔레비전의 부정적 영향을 줄이려는 사회적 노력이 있어야 한다.
④ 다양한 매체를 활용하여 학교와 가정 교육의 한계를 보완해야 한다.
⑤ 아이들의 온라인 예절 교육을 위해 적절한 콘텐츠를 개발해야 한다.

2022년 9월 두괄식

22. 다음 글의 요지로 가장 적절한 것은?

Historically, the professions and society have engaged in a negotiating process intended to define the terms of their relationship. At the heart of this process is the tension between the professions' pursuit of autonomy and the public's demand for accountability. Society's granting of power and privilege to the professions is premised on their willingness and ability to contribute to social well-being and to conduct their affairs in a manner consistent with broader social values. It has long been recognized that the expertise and privileged position of professionals confer authority and power that could readily be used to advance their own interests at the expense of those they serve. As Edmund Burke observed two centuries ago, "Men are qualified for civil liberty in exact proportion to their disposition to put moral chains upon their own appetites." Autonomy has never been a one-way street and is never granted absolutely and irreversibly.

* autonomy: 자율성 ** privilege: 특권 *** premise: 전제로 말하다

① 전문직에 부여되는 자율성은 그에 상응하는 사회적 책임을 수반한다.
② 전문직의 권위는 해당 집단의 이익을 추구하는 데 이용되어 왔다.
③ 전문직의 사회적 책임을 규정할 수 있는 제도 정비가 필요하다.
④ 전문직이 되기 위한 자격 요건은 사회 경제적 요구에 따라 변화해 왔다.
⑤ 전문직의 업무 성과는 일정 수준의 자율성과 특권이 부여될 때 높아진다.

2022년 6월 미괄식

20. 다음 글에서 필자가 주장하는 바로 가장 적절한 것은?

New ideas, such as those inspired by scientific developments, are often aired and critiqued in our popular culture as part of a healthy process of public debate, and scientists sometimes deserve the criticism they get. But the popularization of science would be greatly enhanced by improving the widespread images of the scientist. Part of the problem may be that the majority of the people who are most likely to write novels, plays, and film scripts were educated in the humanities, not in the sciences. Furthermore, the few scientists-turned-writers have used their scientific training as the source material for thrillers that further damage the image of science and scientists. We need more screenplays and novels that present scientists in a positive light. In our contemporary world, television and film are particularly influential media, and it is likely that the introduction of more scientist-heroes would help to make science more attractive.

① 과학의 대중화를 위해 여러 매체에서 과학자를 긍정적으로 묘사해야 한다.
② 작가로 전업한 과학자는 전공 지식을 작품에 사실적으로 반영해야 한다.
③ 공상 과학 작가로 성공하려면 과학과 인문학을 깊이 이해해야 한다.
④ 과학의 저변 확대를 위해 영화 주인공으로 과학자가 등장해야 한다.
⑤ 과학 정책 논의에 과학자뿐만 아니라 인문학자도 참여해야 한다.

2022년 6월 미괄식

22. 다음 글의 요지로 가장 적절한 것은?

Contractors that will construct a project may place more weight on the planning process. Proper planning forces detailed thinking about the project. It allows the project manager (or team) to "build the project in his or her head." The project manager (or team) can consider different methodologies thereby deciding what works best or what does not work at all. This detailed thinking may be the only way to discover restrictions or risks that were not addressed in the estimating process. It would be far better to discover in the planning phase that a particular technology or material will not work than in the execution process. The goal of the planning process for the contractor is to produce a workable scheme that uses the resources efficiently within the allowable time and given budget. A well-developed plan does not guarantee that the executing process will proceed flawlessly or that the project will even succeed in meeting its objectives. It does, however, greatly improve its chances.

* execute: 실행하다

① 계획 수립 절차를 간소화하면 일의 진행 속도가 빨라진다.
② 안정적인 예산 확보는 일의 원활한 진행을 위해 필수적이다.
③ 사업 계획은 급변하는 상황에 따라 유연하게 변경될 수 있다.
④ 면밀한 계획 수립은 일의 효율성을 증대시키고 성공 가능성을 높인다.
⑤ 대규모 사업에서는 지속적인 성장을 목표로 하는 세부 계획이 중요하다.

2021년 수능 미괄식

20. 다음 글에서 필자가 주장하는 바로 가장 적절한 것은?

Developing expertise carries costs of its own. We can become experts in some areas, like speaking a language or knowing our favorite foods, simply by living our lives, but in many other domains expertise requires considerable training and effort. What's more, expertise is domain specific. The expertise that we work hard to acquire in one domain will carry over only imperfectly to related ones, and not at all to unrelated ones. In the end, as much as we may want to become experts on everything in our lives, there simply isn't enough time to do so. Even in areas where we could, it won't necessarily be worth the effort. It's clear that we should concentrate our own expertise on those domains of choice that are most common and/or important to our lives, and those we actively enjoy learning about and choosing from.

① 자신에게 의미 있는 영역을 정해서 전문성을 키워야 한다.
② 전문성 함양에는 타고난 재능보다 노력과 훈련이 중요하다.
③ 전문가가 되기 위해서는 다양한 분야에 관심을 가져야 한다.
④ 전문성을 기르기 위해서는 구체적인 계획과 실천이 필수적이다.
⑤ 전문가는 일의 우선순위를 결정해서 업무를 수행해야 한다.

2021년 수능 미괄식

22. 다음 글의 요지로 가장 적절한 것은?

Prior to file-sharing services, music albums landed exclusively in the hands of music critics before their release. These critics would listen to them well before the general public could and preview them for the rest of the world in their reviews. Once the internet made music easily accessible and allowed even advanced releases to spread through online social networks, availability of new music became democratized, which meant critics no longer had unique access. That is, critics and laypeople alike could obtain new music simultaneously. Social media services also enabled people to publicize their views on new songs, list their new favorite bands in their social media bios, and argue over new music endlessly on message boards. The result was that critics now could access the opinions of the masses on a particular album before writing their reviews. Thus, instead of music reviews guiding popular opinion toward art (as they did in preinternet times), music reviews began to reflect — consciously or subconsciously — public opinion.

* laypeople: 비전문가

① 미디어 환경의 변화로 음악 비평이 대중의 영향을 받게 되었다.
② 인터넷의 발달로 다양한 장르의 음악을 접하는 것이 가능해졌다.
③ 비평가의 음악 비평은 자신의 주관적인 경험을 기반으로 한다.
④ 오늘날 새로운 음악은 대중의 기호를 확인한 후에 공개된다.
⑤ 온라인 환경의 대두로 음악 비평의 질이 전반적으로 상승하였다.

2021년 9월 미괄식

20. 다음 글에서 필자가 주장하는 바로 가장 적절한 것은?

Given the right conditions, entrepreneurship can be fully woven into the fabric of campus life, greatly expanding its educational reach. One study showed that, within the workplace, peers influence each other to spot opportunities and act on them: the more entrepreneurs you have working together in an office, the more likely their colleagues will catch the bug. A study of Stanford University alumni found that those "who have varied work and educational backgrounds are much more likely to start their own businesses than those who have focused on one role at work or concentrated in one subject at school." To cultivate an entrepreneurial culture, colleges and universities need to offer students a broad choice of experiences and wide exposure to different ideas. They are uniquely positioned to do this by combining the resources of academic programming, residential life, student groups, and alumni networks.

* entrepreneur: 기업가 ** alumni: 졸업생

① 훌륭한 기업가가 되기 위해서 관심 있는 한 분야에 집중해야 한다.
② 대학은 학생들이 기업가 정신을 함양하도록 환경을 조성해야 한다.
③ 좋은 직장을 얻기 위해서 학업과 대외 활동에 충실해야 한다.
④ 기업은 대학생들의 다양한 소모임 활동을 적극 지원해야 한다.
⑤ 대학생은 학업 성취를 위하여 경험과 생각의 폭을 넓혀야 한다.

2021년 9월 미괄식

22. 다음 글의 요지로 가장 적절한 것은?

Music is a human art form, an inseparable part of the human experience everywhere in the world. Music is social, and tightly woven into the tapestry of life, and young children are very much a part of this multifaceted fabric. The musical experiences they have provide opportunities for them to know language, behaviors, customs, traditions, beliefs, values, stories, and other cultural nuances. As they become musically skilled through experiences in song and instrumental music, young children can also grow cultural knowledge and sensitivity. Music is an extremely important aspect of culture, shaping and transmitting the above-mentioned aspects that characterize groups of people. Exposing young children to the world's musical cultures brings them into the cultural conversation, allowing them to learn about self and others in an artistically meaningful and engaging way. Prior to the development of social biases and cultural preferences that all too easily turn into prejudices, the opportunity to know people through song, dance, and instrument play is a gift to all who work for the well-balanced development of young children into the responsible citizens they will one day become.

* tapestry: 색색의 실로 수놓은 장식 걸개 ** multifaceted: 다면의

① 아이들의 균형 잡힌 성장을 위해서는 다양한 경험이 중요하다.
② 사회적 편견과 문화적 선호도는 서로 밀접하게 관련되어 있다.
③ 어린 나이에 다양한 음악에 노출되면 예술적 감각이 향상된다.
④ 음악을 포함한 예술은 특정 문화에 대한 당대의 사회적 시각을 반영한다.
⑤ 음악은 아이들을 사회·문화적으로 균형 잡힌 시민으로 성장하게 해 준다.

2021년 6월 미괄식

20. 다음 글에서 필자가 주장하는 바로 가장 적절한 것은?

Occasionally individuals do not merely come out as well as clearly state what is troubling them and instead select more indirect means of expressing their annoyance. One companion might talk to the various other in a way that is condescending and also indicates underlying hostility. Numerous other times, partners may mope and even frown without genuinely dealing with an issue. Companions may likewise merely prevent discussing an issue by swiftly switching over topics when the subject turns up or by being incredibly vague. Such indirect ways of expressing temper are not useful since they don't provide the individual that is the target of the behaviors, an idea of exactly how to react. They understand their companion is irritated, but the absence of directness leaves them without advice regarding what they can do to solve the issue.

* condescend: 거들먹거리다 ** mope: 울적해하다

① 이성보다 감정에 호소하여 상대방을 설득해야 한다.
② 상대방의 기분을 상하게 하는 행동을 자제해야 한다.
③ 문제 해결을 위해서는 문제를 직접적으로 언급해야 한다.
④ 타인의 입장을 이해하려면 경청하는 자세를 가져야 한다.
⑤ 목표 달성을 방해하는 문제점을 지속적으로 파악해야 한다.

2021년 6월 미괄식

22. 다음 글의 요지로 가장 적절한 것은?

Official definitions of sport have important implications. When a definition emphasizes rules, competition, and high performance, many people will be excluded from participation or avoid other physical activities that are defined as "second class." For example, when a 12-year-old is cut from an exclusive club soccer team, she may not want to play in the local league because she sees it as "recreational activity" rather than a real sport. This can create a situation in which most people are physically inactive at the same time that a small number of people perform at relatively high levels for large numbers of fans — a situation that negatively impacts health and increases health-care costs in a society or community. When sport is defined to include a wide range of physical activities that are played for pleasure and integrated into local expressions of social life, physical activity rates will be high and overall health benefits are likely.

① 운동선수의 기량은 경기 자체를 즐길 때 향상된다.
② 공정한 승부를 위해 합리적인 경기 규칙이 필요하다.
③ 스포츠의 대중화는 스포츠 산업의 정의를 바꾸고 있다.
④ 스포츠의 정의는 신체 활동 참여와 건강에 영향을 미친다.
⑤ 활발한 여가 활동은 원만한 대인 관계 유지에 도움이 된다.

2020년 9월 미괄식

20. 다음 글에서 필자가 주장하는 바로 가장 적절한 것은?

Unless your company offers a class on how to give and receive feedback, don't assume those around you, including your boss, know how to give negative feedback. They may be too aggressive. Too direct. Maybe even a little mean. Perhaps they are bad at giving feedback because no one ever taught them how. Or perhaps they've had bosses who were bad at giving them feedback. Try to brush aside the stuff that offends or upsets you to really try to hear what they are saying you can do better next time. And if they only tell you things like, "don't let that happen again," then work to figure out what you can do better next time, so that it doesn't actually happen again. Preparing to solve a problem for next time feels better than getting upset about our failure to solve it this time.

① 직장 상사와 동료에게 부정적인 피드백을 삼가야 한다.
② 실수를 반복하지 않으려면 모든 피드백을 수용해야 한다.
③ 효과적인 피드백 전달 방식에 관한 직원 교육이 필요하다.
④ 업무의 효율성을 높이려면 피드백을 신속하게 주고받아야 한다.
⑤ 부정적인 피드백에 불쾌해하지 말고 문제 해결에 향후 힘써야 한다.

2020년 9월 미괄식

22. 다음 글의 요지로 가장 적절한 것은?

While genetic advancements are often reported as environmentally dependent or modest in effect size in academic publications, these are often translated to the public in deterministic language through the media. Sociologists of genetics argue that media portrayals of genetic influences on health have increased considerably over time, becoming part of the public discourse through which individuals understand symptoms, make help-seeking decisions, and form views of people with particular traits or conditions. The media is the primary source of information about genetic advances and their applications, but it does not provide a neutral discourse. Rather, information is selectively included or ignored, and scientific and clinical implications of genetic discoveries are often inaccurate or overstated. This "genetic optimism" has influenced public opinion, and research suggests that ordinary people are largely accepting of genetic explanations for health and behavior and tend to overestimate the heritability of common diseases for biological relatives.

① 유전학자들의 편견과 낙관주의는 유전학의 발전을 저해한다.
② 성격이 낙천적인 사람들은 유전의 영향을 덜 받는 경향이 있다.
③ 대중 매체는 건강에 관한 유전학의 성과를 부정확하게 전달한다.
④ 유전학은 대중 매체를 통해 이해할 수 있는 학문이 아니다.
⑤ 유전학의 발전으로 건강에 관한 지식이 대중화되었다.

2020년 6월 두괄식

20. 다음 글에서 필자가 주장하는 바로 가장 적절한 것은?

Learning a certain concept such as "molecules" requires more than just a single exposure to the idea. If a student is going to remember a science concept, he or she should experience it multiple times and in various contexts. That is one of the strengths of the learning cycle: the students have direct experience with the concept, then they talk about it, and then they have even more direct experience. Reading, watching videos, and listening to others' thoughts contribute to a more solid understanding of the concept. This suggests more than repetition. Each event allows the student to examine the concept from a different perspective. Ultimately this will lead to a substantive, useful understanding of the complexities and nuances of the concept.

① 과학 개념을 학습하려면 다양한 방식으로 여러 번 접해야 한다.
② 복잡한 과학 개념을 이해하기 위해서는 암기가 선행되어야 한다.
③ 효과적인 과학 학습을 위해 기본 개념을 숙지할 필요가 있다.
④ 과학 원리는 쉬운 것부터 어려운 것 순으로 가르쳐야 한다.
⑤ 다양한 시각 자료를 활용하여 과학 수업을 진행해야 한다.

2020년 6월 미괄식

22. 다음 글의 요지로 가장 적절한 것은?

The twenty-first century is the age of information and knowledge. It is a century that is characterized by knowledge as the important resource that gains competitive advantage for companies. To acquire all these knowledge and information, organizations must rely on the data that they store. Data, the basic element, is gathered daily from different input sources. Information is extracted or learned from these sources of data, and this captured information is then transformed into knowledge that is eventually used to trigger actions or decisions. By and large, organizations do not have any problem of not having enough data because most organizations are rich with data. The problem however is that many organizations are poor in information and knowledge. This fact translates into one of the biggest challenges faced by organizations: how to transform raw data into information and eventually into knowledge, which if exploited correctly provides the capabilities to predict customers' behaviour and business trends.

① 고객의 특성은 기업의 데이터 처리 과정에서 주요 고려 사항이다.
② 성공하는 기업은 사실에 기반한 판단을 통해 위기를 극복한다.
③ 기업 경쟁력은 데이터를 정보와 지식으로 변환하는 능력에서 나온다.
④ 지식 정보화 시대에는 기초 데이터 확보의 중요성이 커지고 있다.
⑤ 데이터의 가치는 그것이 가지는 잠재적 수익성에 의해 결정된다.

전술 2. 궁극의 기술- 명시적 단서

주장 요지를 단적으로 드러내 주는 표현을 익혀야 해. 아래 표의 명시적 단서는 모든 유형에서 필요한 표현들이므로 반드시 익혀둘 것!(4등급 이하 친구들은 진하게 표시된 부분만 우선적으로 암기해줘. 어휘의 난이도가 낮아서 우선 암기해 두는 것이 아니라 빈출 어휘이기 때문에 중요해서 먼저 암기해 두는 거야.)

[명시적 단서_1]

연결사/부사	
그러므로	**Thus, Therefore,** So, As such, Hence
결과적으로	**Consequently, As a result, Accordingly**
결론적으로	**In conclusion**

요컨대	**In short,** In brief, Shortly, Briefly, In summary, To sum up, In a word, To put it simply
확실히, 분명히	**certainly, clearly, surely, obviously, definitely,** evidently,undoubtedly,
사실상	**In fact, In reality,** In deed, As a matter of fact, In effect
당연히	**Naturally, No doubt, No wonder, without a doubt,** without a question, Unquestionably, Undoubtedly
~은 말할 필요도 없이	needless to say, not to mention, to say nothing of
형용사	
필수적인: **necessary, essential** 확실한: **certain, sure, clear** 중대한: **critical, crucial, vital, significant, important**	
동사/조동사	
의무/필요 표현 : **must, should, have to, need to** 명령문 (동사원형으로 시작하는 문장), 기억하다: remember 중요하다: **matter,** count, be important 명심하다: keep in mind	
기타	
요점은 ~이다: **The point is ~, The thing is ~, The key is ~** 사실은 ~이다: **The fact is that ~ The truth is that ~**	

[명시적 단서_2]

대조 / 역접 / 대체 / 양보	
In contrast 대조적으로 **On the contrary** 반면에, 반대로 **On the other hand** 반면에 그러나 **=but, still, yet however,** **though** (문장 끝에서) **unlike** ~와 달리 **Rather** 오히려 **Instead** 대신	비록~일지라도 (+S+V) = **Although** = **Though** = **Even though** = **Even if** ~에도 불구하고 (+N) = **despite ,in spite of,** for all **nevertheless** 그럼에도 불구하고

while, whereas 반면에 Conversely 반대로, 역으로	nonetheless 그럼에도 불구하고 notwithstanding ~임에도 불구하고
예시	**첨가 / 열거**
예를 들면 =**for example, to illustrate, say, for instance, Let's say** ~라고 생각/가정해봐 =**Think of ~** =**Imagine(that)** =**Suppose(that)** =**Consider(that)** **In this case,** 이 경우 **In another case 다른 경우에** **including** ~을 포함하여 **such as, like** ~와 같이	게다가 =**In addition, Additionally, Besides, Plus, Furthermore, Moreover, What's more,** On top of that **also** 또한 **at the same time** 동시에 **simultaneously** 동시에 **in addition to** ~뿐 아니라 **according to** ~에 따르면 **likewise** 이와 마찬가지로 **similarly** 유사하게 **in the same way** 비슷하게
강조	**재진술**
사실상 =In fact In reality, Indeed, In effect, As a matter of fact 특히 in particular, particularly It is/was 강조 내용 that~ [강조 구문] ~한 것은 바로 ~이다	즉, 다시 말해서 =**That is (to say)** =**In other words** =Namely =Put it another way 말하자면 so to speak, as it were
비교	
Compared to ~과 비교하면, In comparison (to) ~와 비교하여	
원인 / 인과관계	
왜냐하면 (+S+V) =**because, since, as, for,** Now that 이제~이니까 (+S+V) ~ 때문에 (+N) =**because of, due to,** owing to, on account of	~하기 위해 =**in order that** (+S+V) =**so that** (+S+V) =**in order to** (+Ⓡ) =**so as to** (+Ⓡ) **That is because** + 원인 그것은 ~ 때문이다 (That이 결과)

너무~해서 그 결과~하다 **=so ~ that** (+S+V) =**such ~ that** (+S+V) =so ~ as to (+Ⓡ)	**That is why** + 결과 그것이 ~한 이유 때문이다.(That이 원인)

다시 한 번 강조할게! 주장·요지 문제는 대부분이 지문 하단부에 주제문을 파파고 돌린 수준으로 그대로 선지에 해석해서 주거든. 떠먹여 주는데 뱉을 이유 있나. 무조건 맞혀야지.

Dee쌤의 Ctrl

수능 단축키 3강 초간단 요약

매 강의의 수능 단축키는 반드시 위에 설명 듣고 보세요.
요약만 보아서는 이해되지 않습니다.

1. 선지가 한글 - 미괄식. 하단부 집중.
2. 지문에서 명시적 단서 찾기.

보기가 영어로 나와서 상당히 불쾌하지만, 반드시 맞춰야 하는 문제 유형이지. 그런데 최근 이 유형이 어렵게 출제가 되고 있어. 학생들의 반응을 살펴볼까?

"지문이 너무 길어요. 선지 다섯 개까지 싹 다 해석해야 하는데…"(지문의 길이가 길어졌다.)

"글이 어떻게 전개되는지를 모르겠어요." (연결사 등의 명시적 단서가 없다.)

"어디가 중요한지를 모르겠어요." (주제문이나 핵심문장을 찾기 힘들다.)

"전체적으로 무슨 말인지 하나도 모르겠어요." (고급 어휘가 사용되고, 내용 자체의 난이도가 높다.)

상황이 이러하니 난이도 있는 주제·제목 문제를 해결하려면 결국은 독해력·어휘력밖에 방법이 없다는 결론이 나와. 지문이 다가 아니라 선지 다섯 개까지 다 해석해야 하니 사실 지문의 체감 길이는 1.5배야. 하지만 방법은 있지. 우선, 선지가 영어라고 겁먹지 마. 주제파악과 제목추론은 주장과 요지와는 달리 필자의 구체적인 의견을 찾는 것이 아니야. 글이 전체적으로 대체 무엇에 관한 이야기를 하는 건지 찾는 거야. 그래서 범위가 주장·요지보다는 포괄적이지.

예를 들어 볼게. 너희가 좋아하는 치킨집이 있는데 요즘 그 집에 문제가 있어. 그래서 너희는 이런 제목의 글을 쓸 거야.

"대치동 A 치킨, 이대로 괜찮은가?"

이 제목을 가진 글은 다음과 같이 여러 가지의 요지로 글을 쓸 수가 있어.

1. A 치킨이 장사가 안된 이유는 비둘기를 튀겨 팔았기 때문이다.
2. 조류독감이 유행이니 A 치킨은 닭에게 감기약을 먹어야 한다.
3. A 치킨 아르바이트생들이 시급을 올려달라며 파업을 하였다.
4. A 치킨은 리뷰 서비스를 콜라에서 치즈 볼로 변경해야 한다.
5. A 치킨 아르바이트생의 불친절한 응대가 매출 감소의 원인이다.

이렇게 다양한 요지를 가진 글은

제목→ "대치동 A 치킨, 이대로 괜찮은가?"
주제→ "대치동 A 치킨이 직면한 문제"

이걸로 가능하다는 게 핵심이야. 우리는 그냥 'A 치킨에 문제가 생겼구나.' 정도만 알면 되는 거지. 그 안에 필자의 주장을 구체적이고 정확하게 파헤칠 필요는 없다고. 이제 좀 가벼워졌지? 한국교육과정평가원의 가이드라인을 보자.

> **평가 요소**
>
> - 이 문항은 주어진 지문의 내용을 읽고 전체적인 주제와 요지를 파악한 뒤 핵심 내용을 대표할 수 있는 제목을 도출해내는 능력을 측정하는 문항이다.
> - 이 문항은 2015 개정 교육과정의 성취기준 '일반적/다양한 주제에 관한 글을 읽고 주제 및 요지를 파악 할 수 있다.' '일반적/다양한 주제에 관한 글을 읽고 함축적 의미를 추론할 수 있다'와 연관된다.

위 가이드라인의 평가요소를 보면 24번 제목추론문제는 '글의 내용을 읽고 전체적인 주제와 요지를 파악한 뒤 핵심 내용을 대표할 수 있는 제목을 도출해 내는 능력을 측정하는 문항'이라고 되어있지. 이 말은 제목문제를 풀기 위해서는 주제와 요지문제를 푸는 단계를 거쳐 하나의 단계가 더 추가된다는 말이야. 흠, 이건 두 문제를 푸는 기분인데… 이 손해 보는 억울한 느낌, 기분 탓은 아니겠지? 걱정하지 마. 두 문제를 푸는 억울한 기분을 정답을 맞히는 짜릿함으로 바꿔 줄게.

[23번 주제 파악]

전술 1. 기본은 쉬운 게 아니라 중요한 것

이 유형 역시 20번 주장문제 22번 요지문제에 사용되는 명시적 단서는 기본이야. 기본 중에 상기본. 다시 한 번 강조할게. 기본은 쉬운 게 아니라 뭐다? 중요한 것이다! 좋아. 바로 앞에 나온 명시적 단서 표 반드시 암기하고 가자.

전술 2. 선지는 스칠 뿐

지문을 보기 전에 아주 잠깐 선지를 먼저 보고 겹치는 단어에 네모라미 쳐! 그중 하나가 답이 될 확률이 높아. 혹시 어떤 단어가 선지 다섯 개에 모두 있거든 '아, 이거 뭐야.' 하지 말고 그 단어가 핵심 소재라는 생각을 가지고 다음 단계로 가면 돼.

전술 3. 평가원의 잔소리- 반복어휘에 집중

방금 선지에서 반복어휘 네모라미를 쳤지? 이제는 지문에서 반복어휘에 동그라미를 쳐. 그런 다음 선지를 보고 동그라미 친 단어가 겹치는 것이 있나 확인해 볼 것. 그런데 반복되는 어휘로 문제를 해결하는 방법은 24번 제목추론문제에서는 잘 통하지 않을 수도 있어. 이유는 아래 24번 제목찾기전술에서 설명할게. 우선 23번부터 끝내고 24번 가자.

전술 4. 중요한 건 먼저 말해

주제문제는 통계적으로 상단부에 글의 핵심이 들어있는 경우가 많아. 앞서 나온 한글 선지의 주장·요지 문제와는 차이가 있지. 그런데 통계에는 언제나 예외가 있어. 특히 최근 수능 주제·제목 문제는 난이도가 꽤 있기 때문에 예외가 점점 많아지는 추세야. 글의 핵심을 파악할 수 있는 단서가 처음, 중간, 끝에 골고루 분포하기도 하지만 그래도 서두가 매우 중요하다는 사실은 변하지 않아. 그러니 서두에서 소재와 화재가 제시될 때 주의해서 읽어야 해.

[24번 제목 추론]

전술 1. 기본은 쉬운 게 아니라 중요한 것

20번 필자의 주장, 22번 요지 추론, 23번 주제 파악 그리고 24번 제목 추론은 전부 대의 파악이라고 했지. 대의 파악은 명시적 단서 없이는 문제를 풀 수가 없어. 세 번째 강조할게. 명시적 단서는 기본 중에 상기본이고, 기본은 쉬운 게 아니라 중요한 것이지! 좋아. 혹시 아직도 완벽히 숙지하지 못한 학생은 지금 바로 '20번 필자의 주장 & 22번 요지파악' Part에 어서 다녀오도록!

전술 2. 반복어휘 찾아도 답이 아닐 수 있어

위에서 제목을 찾는 24번 문제는 반복어휘 전술이 통하지 않는 경우가 많다고 했지. 그 이유를 알려줄게. 문제를 출제하는 평가원의 말을 아래에서 한번 보자고.

학습 안내

- 글의 중심 내용을 파악하여 제목을 추론하는 문항은 글의 전반적인 내용과 세부 정보를 단순히 이해하였다고 하여 정답을 찾기에는 난도가 높은 문항 유형으로 글의 중심 내용을 모두 아울러서 표현한 정답을 추론하기 위한 연습이 필요하다.
- 이를 위해서는 교과서를 통해 다양한 주제의 글을 접해보는 것 또한 중요하다. 철학, 종교, 역사, 환경, 자원, 과학, 스포츠, 음악, 미술, 교육, 진로, 인문학, 컴퓨터, 미디어, 의학, 진로 등에 관한 다양한 주제와 소재를 다룬 글에 관심을 가지고 읽으면서 각 중심 소재별로 글이 어떤 방식으로 작성되는지 살펴보아야 한다.
- 이를 위해 교과서에 제시된 단원의 제목이나 각 문단의 소제목을 지운 뒤 자신이 스스로 제목을 작성해보고 원래 교과서에 제시된 제목과 자신이 만든 제목을 비교해보는 활동도 도움이 된다.

제목찾기문제는 '글의 전반적인 내용을 단순히 이해했다고 해서 정답을 찾기에는 난이도가 높은 문항'이야. 반복되는 어휘로는 전반적인 내용은 파악할 수 있어. 하지만 그 파악한 내용을 재료로 멋지게 가공하는 다음 단계가 추가되어야 하지. 그렇기 때문에 단순히 반복어휘로 내용을 이해한 것에서 그쳤다면 답을 찾을 수 없는 경우가 생기는 거야. 지문의 내용 자체가 어려운 경우도 많은데 이 와중에 그 어려운 내용을 이해한 것만으로는 문제 해결이 안 된다고 하니 좌절감이 들고 대충 찍고 싶어질 거야. 그러나 절대 포기해서는 안 돼. 뒷부분에 독해 빌런들 기다리고 있는데 이까짓 제목 문제에서 벌써 포기하면 너에게 대학은 없어. 대학가는 가장 쉬운 방법이 바로 '영어'거든. 등급을 따기 가장 쉬우니까. 그것이 바로 너희들이 이 책을 보고 있는 이유이기도 하고. 자, 각설하고 다음 단계 고고!

전술 3. 기자에 빙의되어 글의 내용을 멋지게 가공해야 해

앞서 잠깐 언급한 바와 같이 23번 주제파악유형은 비교적 평이했던 과거와는 달리 이제는 지문의 길이도 길어졌고, 글의 주제를 파악할 수 있는 핵심 단서가 두괄식, 미괄식, 양괄식으로 눈에 확 띄는 것이 아니라 처음, 중간, 끝에 골고루 분포되어 있어. 제목찾기유형도 마찬가지야. 글 전체를 읽어야 글의 제목을 추론해 낼 수 있는 경우가 많아졌어. 아래 예문을 보자.

[2019년 9월 평가원]

24. 다음 글의 제목으로 가장 적절한 것은?

Radioactive waste disposal has become one of the key environmental battlegrounds over which the future of nuclear power has been fought. Environmentalists argue that no system of waste disposal can be absolutely safe, either now or in the future. Governments and the nuclear industry have tried to find acceptable solutions. But in countries where popular opinion is taken into consideration, no mutually acceptable solution has been found. As a result, most spent fuel has been stored in the nuclear power plants where it was produced. This is now causing its own problems as storage ponds designed to store a few years' waste become filled or overflowing. One avenue that has been explored is the reprocessing of spent fuel to remove the active ingredients. Some of the recovered material can be recycled as fuel. The remainder must be stored safely until it has become inactive. But reprocessing has proved expensive and can exacerbate the problem of disposal rather than assisting it. As a result, it too appears publicly unacceptable.

* exacerbate: 악화시키다

① Are Nuclear Power Plants Really Dangerous?
② How to Improve Our Waste Disposal System
③ No Benefits: Nuclear Power Plants Are Deceiving Us
④ An Unresolved Dilemma in Dealing with Nuclear Waste
⑤ Ignorance Is Not a Blessing: Policies for Nuclear Issues!

문제제기- 방사성 폐기물 처리는 원자력의 미래에 맞서 싸워온 핵심적인 환경적 전쟁터 중의 하나가 되었다.

해결방안1- 정부와 원자력 산업계는 받아들여질 수 있는 해결책을 찾으려고 노력해왔다.

실 패1-하지만 서로 받아들일수 있는 그 어떤 해결책도 찾아지지 않았다.

해결방안2- 조사되어진 하나의 방안(avenue)은 활성 성분을 제거하기위해 폐연료를 재처리 하는 것이다.

실 패2-그러나 재처리는 비용이 많이 드는것으로 입증되었고 폐기물 처리를 악화시킬수 있다.
그것 역시 대중적으로 받아들여지지 않는 것 같다.

정답: 원자력 폐기물을 처리하는데 있어서 해결되지 않은 딜레마

이 문제는 첫 문장에서 '방사성 폐기물 처리'라는 문제를 제기하였어. 그리고 그에 대한 해결방안들을 내놓고 있는데 그것들이 모두 실패로 돌아갔다는 내용이야. 그래서 글의 제목은 '원자력 폐기물을 처리하는 데 있어서 해결되지 않은 딜레마'였어. 여기서 중요한 점은 해결방안들이 실패로 돌아갔다는 사실을 '딜레마'라는 멋진 단어로 가공해 놓았다는 점이야. 글의 특정 부분에 글의 주제가 드러나 있는 것이 아니라, 전반적인 내용을 다 이해할 것을 요구했어. 또한, 그 이해한 내용을 한 줄의 제목으로 만들어낼 수 있어야 했지.

정리하면, 제목찾기문제는 단순독해 능력뿐 아니라 내용을 마치 기사

의 타이틀처럼 가공해 내는 능력까지도 우리에게 요구하고 있어. 수능까지 우리에게 시간이 넉넉히 주어진다면 다양한 기사의 내용과 제목을 매칭시키는 연습을 하면 도움이 되는데 시간이 없다면 이렇게 해보자. 제목문제는 일부분만 보지 말고 글 전체를 넓은 시야로 보아야 해. 어느 한 부분만을 보고 선지를 골라서는 안 돼. 제목과 직접 연관된 주제문이 존재하지 않을 수도 있기 때문이야. 명심해! 나무를 보지 말고 숲을 볼 것!

전술 4. 넓어도 안 되고 좁아도 안 돼. 중간 그 어딘가…

문항 풀이를 위한 주요 개념·원리

- 본 문항의 정답을 찾기 위해서는 글의 핵심 내용을 제목으로 가장 잘 표현한 것을 찾을 수 있는 능력이 필요하다. 글의 핵심 내용을 그대로 제목으로 제시하는 경우도 있지만 함축적이거나 은유적으로 제목을 제시하는 경우도 있기 때문에 너무 지엽적이거나 일반적이지 않으면서 글 전체의 내용을 포괄하는 선택지를 제목으로 고를 수 있어야 한다.

위에 한국교육과정평가원이 제시한 가이드를 봐. 하이라이트 된 부분, '너무 지엽적이거나 일반적이지 않으면서 글 전체의 내용을 포함하는 선택지'를 고르라고 했지? 이게 무슨 소리냐면, 내용을 포함하는 범위가 너무 넓거나 너무 좁으면 오답이라는 이야기야. 지엽적이라는 말은 '본질적이지 않고 부차적인'이라는 뜻이거든. 세부사항에 목매지 말라는 이야기야. 좀 전에 전술 3번에서 나무를 보지 말고 숲을 보라고 한 것과 같은 맥락이지. 그렇다고 해서 너무 범위가 넓어서도 안 돼. 그 숲을 보지 않고 숲이 있는 산 전체를 보는 거니까.

전술 5. 아니라기엔 너무나 매력적이야. 너란 오답.

자, 단도직입적으로 전술부터 말하고 설명할게. 너희들이 지문을 딱 읽었는데 도대체 전체적으로 무슨 말인지 모를 경우가 있을 거야. 그래서 멘붕에 빠져 있는데, 본문에 뭔가 어렵고 멋있어 보이는 단어를 발견했어. 그런데 그 단어가 선지에 떡 하니 있는 거야. 아, 이건 왠지 답이 될 거 같아. 비록 지문에 한 번밖에 등장하지 않았지만 무언가 그럴싸해 보여. 그래서 "좋아! 너로 정했어!" 하면 틀리는 거야. 지문에 한 번 (혹은 두 번) 등장한 단어가 선지에 그럴싸하게 포장되어 있으면 무조건 제쳐. 모두 헷갈리고 있는 너희를 위한 거야. '한 놈만 걸려라…' 하는데 중하위권 애들은 거기 또 엄청나게 걸려들어서 그 문제는 오답률 상위권을 화려하게 장식하지.

명심해. 해석 못 하는 어린이들을 위해, 수능 출제위원들께서 지문 하단부에 있는 간지 나는 어휘를 가지고 매력적인 오답을 만든다는 거!

자, 이제 오답 원리 설명해 줄게. 제목추론문제는 선지에서 오답을 제거하는 것도 중요해. 평가원이 오답을 만들 때 규칙이 있는데 그것을 역으로 이용하여 정답을 찾을 수 있어.

[오답 선지 원리]

① 비 언급: 지문에 언급이 안 된 사실이 포함됨.

언급되지도 않은 사실이 쓰였는데도 지문에 비슷한 어휘가 사용되었다는 이유로 학생들이 아무 생각 없이 이거 찍는 경우 너무 많음.

② 반대 내용: 정답 선지와 완전히 반대되는 내용을 담고 있음.

선지 다섯 개 중에서 상반되는 두 가지 내용이 존재한다면 둘 중 하나가 답이 될 가능성이 있다는 얘기지. 사실 정확한 답을 찾는 것보다 완전 반대인 것 걸러내기가 훨씬 쉬우니까 이건 확실히 믿고 거르자고.

③ 무관한 내용: 지문의 일부 내용을 언급은 했으나 핵심 내용과 무관함.

지문에 사용된 단어를 그대로 사용해서 맥락 없이 늘어놓은 경우.

④ 잘못된 범위설정: 범위가 너무 넓거나 좁음.

지문과 얼추 비슷한 내용이긴 한데 범위가 너무 넓은 이야기를 하거나, 너무 구체적 사실을 언급함.

지문 해석도 힘든데 선지 다섯 개까지 해석하느라 고생했어. 주제파악과 제목추론은 지문 해석만큼 선지 해석도 중요해. 지문의 모든 부분이 다 중요한 것은 아니라서, 지문은 해석이 안 되는 부분이 있어도 문제 푸는 데는 지장이 없을 수 있지만, 선지를 해석하지 못하면 답을 찾지 못하거든. 그러니 선지도 꼼꼼히 해석해 주기 바라.

전술 6. 질문의 답을 지문에서 찾아봐.

24번 제목찾기문제 선지에 가끔 의문문 형태가 등장해. 그럼 "아니 이걸 왜 나한테 물어." 하지 말고 그 질문에 대한 답변이 뭘까 잠깐 고민해 보는 거야. 정답이 되는 의문형 선지는 지문을 제대로 이해했다면 즉시 답변을 할 수가 있거든.

	의문형 정답 선지
2021. 6.	Which Adapts First, Behavior or Genes?
2020. 7.	Do Fading Borders Lead to less Division Among People?
2020. 4.	Body vs. Face: Which Do We Rely on in Judging Emotions?
2019. 10.	Do Animals Have Hints of Musical Senses?
2018. 수능	Does Extended Copyright Truly Enhance Protection and Creation?

[제목 문제 의문형 선지 정답 예시]

2021년 6월 24번

24. 다음 글의 제목으로 가장 적절한 것은?

A common error in current Darwinian thinking is the assumption that "selfish genes" are the prime mover in evolution. In strict Darwinism the prime mover is environmental threat. In the absence of threat, natural selection tends to *resist* change. It is un-biological to "explain" behavioural change as *resulting from* genetic change or the *ex vacuo* emergence of domain-specific brain modules. Evolutionary psychologists surely know why brains evolved: as Cosmides and Tooby point out, brains are found only in animals that move. Brains are behavioural organs, and behavioural adaptation, being immediate and non-random, is vastly more efficient than genetic adaptation. So, in animals with brains, behavioural change is the usual first response to environmental threat. If the change is successful, genetic adaptation to the new behaviour will follow more gradually. Animals do not evolve carnivore teeth and then decide it might be a good idea to eat meat.

현재의 다윈적 사고에서 흔한 오류는 '이기적 유전자'가 진화에 있어서 원동력이라는 가정이다.

따라서, 뇌를 가진 동물에게 행동변화는 환경위협에 대한 보통의 첫번째 반응이다.

* *ex vacuo*: 무(無)에서의 ** carnivore: 육식 동물

① Which Adapts First, Behaviour or Genes? Answer: Behaviour
② The Brain Under Control of Selfish Genes
③ Why Animals Eat Meat: A Story of Survival
④ Genes Always Win the Battle Against Nature!
⑤ The Superior Efficiency of Genetic Adaptation

질문: 행동과 유전자 중 어느 것이 먼저 적응하는가?
답변: 행동

2018년 수능 24번

23. 다음 글의 제목으로 가장 적절한 것은?

Individual authors and photographers have rights to their intellectual property during their lifetimes, and their heirs have rights for 70 years after the creator's death, so any publication less than 125 years old has to be checked for its copyright status. The duration of copyright protection has increased steadily over the years; the life-plus-70-years standard was set by the Copyright Term Extension Act of 1998, which increased the 50-year limit established by the 1976 Copyright Act. Supporters of such legislation like to defend these increases with tales of starving writers and their impoverished descendants, but in reality the beneficiaries are more likely to be transnational publishing companies. And note that copyright laws serve a dual purpose. In addition to protecting the rights of authors so as to encourage the publication of new creative works, copyright is also supposed to place reasonable time limits on those rights so that outdated works may be incorporated into new creative efforts. Therefore, the extended copyright protection frustrates new creative endeavors such as including poetry and song lyrics on Internet sites.

연장된 저작권 보호는 인터넷 사이트와 시와 노래 가사를 포함시키는 것과 같은 새로운 창의적 노력을 좌절시킨다.

* heir: 상속인 ** legislation: 법률, 입법

① The Untold Origin of Copyright Protection
② Creativity Leaps with Longer Copyright Protection!
③ More Is Not Enough: No Limits to Copyright Coverage
④ Who Smiles at Copyright Protection, Writers or Publishers?
⑤ Does Extended Copyright Truly Enhance Protection and Creation?

⑤ 질문: 연장된 저작권이 진정으로 보호와 창작을 강화하는가?
답변: No.

Anwer: No.

자, 어때? 주제파악과 제목추론이 처음처럼 그렇게 막연하고 어렵지는 않지? 실전에서 정답이 명확히 보이려면 반드시 같은 유형을 반복해서 연습해야 해. 그래야 처음에는 감이 오고 나중에는 위의 전술들을 오롯이 적용하여 정답을 맞힐 수 있게 돼!

수고했어. 우리가 반드시 맞춰야 하는, 비슷해 보이지만 분명히 다른 이 유형들을 한눈에 보기 쉽게 정리할게. 이건 참고사항이야. 위에 유형별 전술을 익히는 게 훨씬 중요하니 여러 번 반복해서 읽고 문제에 꼭 적용하기 바라.

[주장, 요지 vs 주제, 제목]

주장, 요지	주제, 제목
구체적	포괄적
보기가 한글	보기가 영어
주로 미괄식	주로 두괄식 (제목은 예외 다수 존재)
선지가 문장으로 표현 (A는 B이다. C는 D 하다)	선지가 거의 대부분 명사형으로 표현 (A의 B함, A:B의 C) 이따금씩 문장표현과 의문형

Dee쌤의 Ctrl

수능 단축키 4강 초간단 요약

매 강의의 수능 단축키는 반드시 위에 설명 듣고 보세요.
요약만 보아서는 이해되지 않습니다.

[주제]

1. 기본은 쉬운 게 아니라 중요한 것. 명단에 집중!
2. 선지는 스칠 뿐. 잠깐 확인하자.
3. 평가원의 잔소리- 반복어휘에 집중하자.
4. 중요한 건 먼저 말해. 두괄식이 대부분.

[제목]

1. 기본은 쉬운 게 아니라 중요한 것. 명단에 집중!
2. 반복어휘로도 안 되는 게 제목문제.
3. 기자에 빙의되어 내용을 멋지게 가공해야 해. 주제 파악만으론 안 돼.
4. 범위가 넓어도 안 되고 좁아도 안 돼.
5. 아니라기엔 너무나 매력적인 오답 거르기.
6. 질문의 답을 지문에서 찾아봐.

2019년에 처음으로 등장한 새로운 유형이고 빈칸추론만큼이나 학생들이 어려워하고 있지. 시중에 이 유형에 대해 전략을 명확히 알려주는 강의나 교재가 많지 않아. 심지어 누구나 아는 출판사의 유명한 교재에도 이 유형의 해결 전략 중 하나를 '밑줄 친 부분의 문자적 의미파악'이라고 알려주기도 하더라고. 아니 세상에 밑줄 친 부분이 함축하고 있는 숨은 의미를 파악하는 문제인데, 문자 그대로의 의미를 파악하라고? 시간도 없어 죽겠는데?

쌤이 비밀을 알려줄게. 이 문제 풀려면 밑줄 해석을 못 해도 돼. 왜냐하면, 함축의미추론문제는 사실 빈칸추론이거든. 빈칸에는 아무것도 없으니 당연히 해석할 수 없겠지? 할 필요도 없고. 물론 '문자 그대로의 의미'를 파악하는 것이 전혀 도움이 안 된다곤 못해. 하지만 밑줄 친 부분은 겉보기엔 글의 내용과 전혀 관계가 없어 보일 테니 해석해도 큰 도움은 안 될 거야.

잘 들어봐. 밑줄 친 부분은 비유, 속담 등을 통해서 필자가 하고 싶은 말을 꼬아서 말한 거야. 그러니까 밑줄 그은 부분 열심히 해석하지 말고 빈칸문제라고 생각하고 풀어보는 거야. 다시 말해, 밑줄 친 부분의 함축의미를 파악하려면 밑줄에 집착하지 말고 밑줄이 아예 없다고 생각하고 빈칸추론문제로 접근을 해야 해. 여기서 한숨 나오는 친구들 있지? 단전에서 끌어 오르는 깊은 분노가 여기 쌤한테까지 느껴지네. 함축의미추론문제 풀려다가 빈칸문제가 한 문제 더 늘어나다니… 혹 떼려다 혹 붙인 이 억울한 기분…

자, 진정하고. 차분히 해결해 보자. 뒤에 빈칸 추론 Part에서 자세히 다루겠지만 빈칸추론 문항은 단순히 해석만 해서는 해결할 수 없는 다양한 변수가 존재해. 빈칸추론의 기본 개념은 빈칸이 글의 주제, 즉 가장 중요한 핵심내용을 담고 있다는 것인데, (그래서 빈칸문제가 결국 글의 주제 찾는 문제가 되는 경우도 많아) 빈칸이 주제문이 아닌 경우는 주제를 먼저 파악하고 그것을 바탕으로 빈칸에 들어갈 내용을 추론해야 하는 사고 과정이 한 번 더 추가되니 난이도가 올라가게 돼. 미안해. 너무 어렵지? 그럼 이 내용을 다시 최대한 쉽게 풀어줄게.

전술 1. 밑줄 해석 못 해도 돼.

밑줄 해석은 잘해놔도 어차피 무슨 말인지 모를 테니까 해석이 어색해도 신경 쓰지 말 것. 문제에 따라서는 밑줄 의미가 도움이 되는 경우도 있지만, 대부분은 지문의 핵심 내용을 알아야 이를 바탕으로 추론할 수 있으므로 그 집착 넣어둬~ 넣어둬~

전술 2. 심지어 없어도 돼.

밑줄 친 부분이 없다고 생각하고 빈칸추론문제로 푸는 거야. 빈칸추론문제 푸는 법은 단순하지가 않아. 전략도 다양하고 복합적이지. 뒤에 빈칸추론문제 푸는 Part에서 자세히 다룰 테니 잘 연습해서 이 유형에도 적용해 보자.

"안돼요. 지금 당장 알려줘요. 현기증 난단 말이에요."

좋아. 핵심만 말해 줄게. 방법은 두 가지야.

첫째, 글의 주제를 찾는다.(대의 파악 유형과 동일, 밑줄 친 부분이 글의 주제를 담고 있다.)

둘째, 주제를 따로 두고, 이를 바탕으로 문맥상 내용을 추론한다.

(밑줄 친 부분이 주제를 담고 있지 않음.)

두 번째 방법으로 문제에 접근하는 것이 훨씬 바람직해. 엄밀히 말하자면 두 번째 방법의 범주 안에 첫 번째 방법이 포함되거든. 빈칸문제도 빈칸이 주제문인 경우와 빈칸이 주제문이 아닌 경우가 있는 것처럼, 함축의미도 그것이 주제문일 수도 있고 아닐 수도 있어. 전자의 경우는 글의 주제 찾으면 되고, 후자는 글의 주제 파악하고 앞뒤 문장 해석해 본 뒤 문맥에 맞는 것을 찾으면 되고. 그나마 다행인 건 뒤에 나올 빈칸추론문제보다는 지문의 난이도가 대부분 낮다는 거야.

[2022년 9월 21번 함축의미]

21. 밑줄 친 Flicking the collaboration light switch가 다음 글에서 의미하는 바로 가장 적절한 것은? [3점]

Flicking the collaboration light switch is something that leaders are uniquely positioned to do, because several obstacles stand in the way of people voluntarily working alone. For one thing, the fear of being left out of the loop can keep them glued to their enterprise social media. Individuals don't want to be — or appear to be — isolated. For another, knowing what their teammates are doing provides a sense of comfort and security, because people can adjust their own behavior to be in harmony with the group. It's risky to go off on their own to try something new that will probably not be successful right from the start. But even though it feels reassuring for individuals to be hyperconnected, it's better for the organization if they periodically go off and think for themselves and generate diverse — if not quite mature — ideas. Thus, it becomes the leader's job to create conditions that are good for the whole by enforcing intermittent interaction even when people wouldn't choose it for themselves, without making it seem like a punishment.

협업의 전등 스위치를 휙 누르는 것은 고유하게 지도자들이 해야 하는 위치에 있는 것이다.
(지도자의 할일 → 협업의 전등 스위치를 휙 누르는 것)

그들이 주기적으로 (조직을) 벗어나 스스로 생각하여 그다지 성숙하지는 않더라도 다양한 아이디어를 창안하는 것이 조직을 위해 더 좋다.
따라서, 간간이 일어나는(intermittent:간헐적인) 상호작용을 시행함으로써, 전체에게 유익한 여건을 조성하는 것이 지도자의 임무가 된다.
(지도자의 임무 → 간헐결인 상호작용 시행)

* intermittent: 간헐적인

① breaking physical barriers and group norms that prohibit cooperation
② having people stop working together and start working individually 사람들이 함께 일하는 것을 멈추고 개인적으로 일하기 시작하도록 하는 것
③ encouraging people to devote more time to online collaboration
④ shaping environments where higher productivity is required
⑤ requiring workers to focus their attention on group projects

[2022년 6월 21번 함축의미]

21. 밑줄 친 an empty inbox가 다음 글에서 의미하는 바로 가장 적절한 것은? [3점]

The single most important change you can make in your working habits is to switch to creative work first, reactive work second. This means blocking off a large chunk of time every day for creative work on your own priorities, with the phone and e-mail off. I used to be a frustrated writer. Making this switch turned me into a productive writer. Yet there wasn't a single day when I sat down to write an article, blog post, or book chapter without a string of people waiting for me to get back to them. It wasn't easy, and it still isn't, particularly when I get phone messages beginning "I sent you an e-mail *two hours ago*...!" By definition, this approach goes against the grain of others' expectations and the pressures they put on you. It takes willpower to switch off the world, even for an hour. It feels uncomfortable, and sometimes people get upset. But it's better to disappoint a few people over small things, than to abandon your dreams for an empty inbox. Otherwise, you're sacrificing your potential for the illusion of professionalism.

[글의주제]
당이 일하는 습관에서 이뤄낼 수 있는 가장 중요한 단 한 가지 변화는 창조적인 일을 먼저 하고 대응적인 일은 그 다음에 하는 쪽으로 전환하는 것이다.

수신함을 비우는 것- 대응적, 반응적, 전문적
그러니 빈 수신함을 위해 자신의 꿈을 포기하는 것보다, 사소한 것에 대해 몇 사람을 실망하게 하는 것이 낫다.

만약 그렇게 하지 않으면, 당신은 전문성이라는 환상을 위해 자신의 잠재력을 희생하고 있는 것이다.

① following an innovative course of action
② attempting to satisfy other people's demands 다른 사람들의 요구를 만족시키려고 시도하는 것
③ completing challenging work without mistakes
④ removing social ties to maintain a mental balance
⑤ securing enough opportunities for social networking

전술 3. 노골적이면 안 돼.

밑줄에 나온 어휘가 선지에 있다? 그럼 정답 가능성↓. 2019년, 2020년, 2021년 학평과 모평기출 20여 문제 중에서 밑줄이 함축한 의미가 선지에 완전 똑같이 그대로 나온 경우는 19년도 3월 학평 30번 단 한 문제밖에 없었어.

[2019년 3월 30번]

밑줄: not surgeon→ 정답: Surgeons rely on appendectomy for their living.

이 문제의 경우는 surgeon(외과 의사)이라는 단어를 사용하지 않고는 글의 요지를 표현할 방법이 없거든. 선지 5개 중에서 무려 3개에 surgeon이라는 단어가 출현하기도 했고. 그만큼 키워드였던 거지. 어쩔 수 없었던 예외야. 그런데 역으로 밑줄 어휘가 선지 여러 개에 그대로 표현되어 있다면, 그게 핵심 어휘니 오히려 그중에서 고르는 것이 맞겠지? 하지만 수능은 그렇게 문제가 호락호락하지 않아. 밑줄 어휘를 그대로 선지에 보여주면 너무 노골적이잖아. 명색이 함축된 의미를 찾는 문제인데 말이야. 그러니 함축의미추론문제는 밑줄 친 부분이 정답과 완전히 동일한 어휘로 표현되지 않는다고 기억해도 무방해! 단, 동의어로 표현되는 경우는 있어. 기출 한번 살펴보자.

[주어진 밑줄이 정답과 동의어로 표현된 경우]

출처	밑줄에 들어간 어휘	정답
20학년도 4월 학평 20번	scent	smell
19학년도 4월 학평 21번	no one	nobody
19학년도 수능 21번	ignorance	unknown

전술 4. 궁극의 전술 Paraphrasing (패러프레이징)

방금 밑줄이 정답과 완전히 동일한 어휘로 표현되지 않는다고 했지? 대신, 같은 의미가 있는 다른 단어로 바꿔 말해. 그걸 Paraphrasing이라고 하지. Paraphrasing은 같은 내용을 표현만 바꿔서 설명하는 거야. 함축의미추론, 빈칸추론, 요약문완성의 핵심은 바로 Paraphrasing이야. Paraphrasing이라는 개념은 너무너무 중요해서 아무리 강조해도 지나침이 없어. 수능 영어문제를 푸는 핵심이라고 할 수 있기 때문에 앞으로도 계속 나올 거야. 최신 기출문제에서 함축의미추론에 사용된 Paraphrasing의 예시 한번 보자.

[2021년 3월 함축의미 Paraphrasing]

21. 밑줄 친 <u>last in, first out</u>이 다음 글에서 의미하는 바로 가장 적절한 것은? [3점]

While user habits are a boon to companies fortunate enough to generate them, their existence inherently makes success less likely for new innovations and startups trying to disrupt the *status quo*. The fact is, successfully changing long-term user habits is exceptionally rare. Altering behavior requires not only an understanding of how to persuade people to act but also necessitates getting them to repeat behaviors for long periods, ideally for the rest of their lives. Companies that succeed in building a habit-forming business are often associated with game-changing, wildly successful innovation. But like any discipline, habit design has rules that define and explain why some products change lives while others do not. For one, new behaviors have a short half-life, as our minds tend to return to our old ways of thinking and doing. Experiments show that lab animals habituated to new behaviors tend to regress to their first learned behaviors over time. To borrow a term from accounting, behaviors are LIFO — "last in, first out."

* boon: 요긴한 것 ** regress: 되돌아가다

① The behavior witnessed first is forgotten first.
② Almost any behavior tends to change over time.
③ After an old habit breaks, a new one is formed.
④ The habit formed last is the hardest to get rid of.
⑤ The habit most recently acquired disappears soonest.

새로운 행동은 짧은 절반의 생명을 가지고 있다.

=

LIFO-가장 마지막에 들어온 것이 가장 빨리 나간다.

=

가장 최근에 얻은 습관이 가장 빨리 사라진다.

이런 게 Paraphrasing이야. 너희가 영어를 공부하는 한 앞으로도 귀에 피가 나도록 듣게 될 거야. Paraphrasing은 공무원 영어시험, 토익, 토플에도 무조건 적용되거든. 지금 익혀서 평생 써먹자고.

Dee쌤의 Ctrl

수능 단축키 6강 초간단 요약

매 강의의 수능 단축키는 반드시 위에 설명 듣고 보세요.
요약만 보아서는 이해되지 않습니다.

1. 밑줄 해석 못 해도 돼. 이해 안 되면 넘어가기.
2. 심지어 없어도 돼. 빈칸추론이랑 같은 거야.
3. 노골적이면 안 돼. 선지 어휘가 그대로 있는 것은 위험해.
4. 두둥! 궁극의 전술 Paraphrasing

"4페이지에 오신 것을 환영합니다. 이곳은 듣기 문제를 풀면서 푸는 문제들이 모여 있는 곳입니다. 신속하고 정확하게 답을 잡아내는 것이 관건이지요. 논리적인 사고나 추론 등의 독해력이 필요 없는 '혜자구역'입니다. 그렇다고 우습게 보아서는 안 돼요. 만약 실수로 여기서 틀린다면 전국에서 너만 틀리는 거니까요!"

전술 1. 선지 확인 순서 ④→⑤→③→②→①

도표를 먼저 살펴볼 필요 없어. 도표 제목이나 설명에 나온 어휘를 몰라도 상관없고. 혹시 모르는 단어가 있거든, 그냥 그렇게 생긴 고유명사라 생각하고 네모 치고 본문으로 바로 고고.

통계적으로 정답이 많은 순서는 ④→⑤→③→②→①이므로 보기 ④번부터 확인하면 돼. 2022년 6평 같은 경우에는 ②번이 답이긴 했는데 그렇다고 해서 ①번부터 읽어 내려가는 것은 확률적으로 바람직하지 않아. 설사 ②번이 답이 되더라도 그냥 하던 대로 ④→⑤→③→②→① 순서로 확인해 보자.

전술 2. 필수어휘 암기

실용문 도표에 자주 등장하는 필수어휘를 암기하면 정확하고 빨리 정답을 찾을 수 있지.

[도표 어휘]

혹시 아래 빨간 단어를 모르신다? 그럼 너무 창피하니까 남몰래 빨리 외우세요.

급격히	sharply, rapidly, significantly, dramatically, drastically, suddenly, considerably, markedly, exceedingly
점차적으로 서서히	- gradually, steadily, slowly, increasingly: 점차적으로, 점점 - constant, unceasing: 지속적인, 꾸준한
증가하다 급증하다	- increase, go up, rise, multiply, escalate: 증가하다 - soar, skyrocket, surge: 급증하다
감소하다 급감하다	- decrease, diminish, drop, decline, fall, drop, go down, slip, reduce, fall, shrink: 감소하다 - collapse: 폭락하다, 급감하다
+ 뉘앙스	increasing = mounting 증가하는, 오르는 exceed, surplus 과잉, 과다, 초과 vast amount of 엄청난 양의 accumulate 축적시키다, 모이다 boost 증가시키다, 인상하다 accelerate 가속하다, 빨라지다 (speed up) A가 B를 능가하다. = A surpass B = A exceed B = A outnumber B
- 뉘앙스	minimize 최소화하다 slow 줄이다, 늦추다 shrink = diminish 줄어들다, 줄이다 downturn 하강, 침체 lessen: 줄이다, 작게 하다 downsize 규모를 줄이다..

중립	변하지 않다, 정체하다 - remain the same - unchanged - maintain, stay ~한 상태로 머무른다 account for 비율을 차지하다 make up 구성하다 out of ~중에서
순위표현	- the least(가장 적은)/the lowest(가장 낮은)/the most(가장 많은) - rank the highest/lowest: 최상위/최하위를 차지하다 - A be followed by B: A 다음 A이다 (A→B, A가 먼저) - A be surpassed by B: B 다음 A이다 (B→A, B가 먼저) - A be preceded by B: B 다음 A이다 (B→A, B가 먼저) - 비교급 ~ than any other 단수명사: 가장 ~한(최상급 의미) - leading: 선두에 있는(1등) - the second biggest/largest: 두 번째로 큰(2등)
배수표현	- more than double 2배 이상 - 배수(half, twice, three times..)+ as 원급 as: ~만큼 O배 ~한 - 배수(half, twice, three times..)+ 비교급 than: ~보다 O배 ~한 - twice as much as: 2배만큼 많은 - A more than B: A〉B - more than A: A 이상 - less than A: A 이하
분수, 비율	- 숫자 in 숫자 → one in five: 5분의 1 - 숫자 out of 숫자 → two out of three: 3분의 2 three out of ten: 30% - a half: 2분의 1.50% - a third: 3분의 1 - a quarter, one-fourth: 4분의 1.25% - a fifth: 5분의 1.25% - more than half 절반 이상

이것도 듣기문제를 풀면서 동시에 푸는 문제지. 아니 정확히 말하면 듣기 할 때 방송 내용을 듣다가 정답의 단서가 나오면 얼른 답 체크하고 다음 문제가 나오기 전에 푸는 문제야. 단순히 답을 맞히는 게 목적이 아니라, 맞히는 건 기본이고 스피드가 생명인 문제라고. 앞서 말한 것처럼 논리적인 사고나 추론 등의 독해력이 필요 없는 '혜자파트'이니 반드시 맞혀야 해. 만약 이 문제 틀리면 뭐다? 그렇지! 전국에서 너만 틀린 거다.

전술 1. 이것은 시력 테스트. 눈 있는 자 맞힐지어다.

지문을 먼저 보지 말 것. 선지의 ①, ②, ③, ④, ⑤ 순서는 100% 위에서 아래로 지문 내용의 순서와 같아. 보통 정답이 하단부에 있기 때문에, 선지 ⑤번부터 ①번까지 거꾸로 확인하면서 올라가야 해. 즉, 선지 ⑤번을 먼저 보고 지문 맨 아래에서 부터 위로 올라가면서 선지의 내용과 지문의 내용이 맞는지 확인하는 거야. 따라서,

지문 보기 전에 선지 ⑤번 본다. → ⑤번 선지 우리말 중에서 제일 쉬운 단어 몇 개를 멱살 잡고 지문으로 간다. "너로 결정했다."

선지에서 멱살 잡을 단어(키워드)

1. 고유명사(사람 이름, 지역명, 건물명, 학교명, 기관명 등)
2. 숫자표현(연도, 나이 등)
3. 내가 영어로 알 수 있는 단어(우리말 단어를 보고 바로 영어로 나올 수 있는 쉬운 단어)

→ 지문 하단부에서 방금 잡은 키워드를 찾아서 내용이 맞는지 확인한다. → 선지 ④번 본다. → ④번 우리말 중에서 키워드를 잡는다. → 지문 중 ⑤번이 언급된 문장 위쪽에서 방금 잡은 키워드를 찾아서 내용이 맞는지 확인한다. → 선지 ③번 본다. → ③번 우리말 중에서 키워드를 잡는다. → 지문 중 ④번이 언급된 문장 위쪽에서 방금 잡은 단어를 찾아서 내용이 맞는지 확인한다. ②번, ①번도 동일한 방법으로 확인한다. 웬만하면 ③번 전에 끝난다.

그런데 아주 가끔 ②번, ③번까지 올라가는 경우도 있어. 이럴 때는 당황하지 말고 아래쪽에서 답이 없고 ②번, ③번에 대한 확신이 있을 때만 답으로 선택하도록 해.

[2021 수능 26번 내용 불일치문제]

26. Frank Hyneman Knight에 관한 다음 글의 내용과 일치하지 않는 것은?

Frank Hyneman Knight was one of the most influential
economists of the twentieth century. After obtaining his Ph.D. ①
in 1916 at Cornell University, Knight taught at Cornell, the
University of Iowa, and the University of Chicago. Knight
spent most of his career at the University of Chicago. Some of ②
his students at Chicago later received the Nobel Prize. Knight ③
is known as the author of the book *Risk, Uncertainty and Profit*, ④
a study of the role of the entrepreneur in economic life. He also
wrote a brief introduction to economics entitled *The Economic*
Organization, which became a classic of microeconomic theory.
But Knight was much more than an economist; he was also a
social philosopher. Later in his career, Knight developed his
theories of freedom, democracy, and ethics. After retiring in 1952,
Knight remained active in teaching and writing. ⑤

지문 내용의
언급 순서와
선지의 순서가
동일

* entrepreneur: 기업가

① 20세기의 가장 영향력 있는 경제학자들 중 한 명이었다.
② 경력의 대부분을 University of Chicago에서 보냈다.
③ 그의 학생들 중 몇 명은 나중에 노벨상을 받았다.
④ *Risk, Uncertainty and Profit*의 저자로 알려져 있다.
⑤ 은퇴 후에는 가르치는 일은 하지 않고 글 쓰는 일에 전념했다.

각 선지에서
쉬운 단어 잡아서
⑤번 부터
아래에서 위로
확인

이번엔 다른 그림 찾기야. 해석도 필요 없는. 이 두 문제야말로 틀리면 '전국에서 너만 틀리는 문제'야. 수치스러워지고 싶지 않다면 매우 신속하고 정확하게 풀어낼 것!

전술 1. 못 보면 바보

일단 문제에서 일치하는 것을 찾는 건지, 아니면 일치하지 않는 것을 찾는 건지부터 반드시 문제에 표시하고 시작해. 아니, 이 쉬운 문제를 그거 잘못 봐서 틀리는 애들이 있다니까.

전술 2. 진정한 시력 테스트- 눈 있는 자 맞힐지어다.

이제부터는 위에 있는 내용불일치문제와 완전히 동일하게 푸는 거야. 신속히 다른 그림(?)을 찾아보세요.

Dee쌤의 Ctrl

수능 단축키 8강 초간단 요약

매 강의의 수능 단축키는 반드시 위에 설명 듣고 보세요.
요약만 보아서는 이해되지 않습니다.

1. 일치냐 불일치냐 문제에 표시 .
2. 실용문 먼저 보지 말고 선지 먼저 보기.
3. ⑤, ④, ③, ②, ① 순으로 거꾸로 확인.
4. 아주 가끔 ②번, ③번까지 올라가는 경우도 있으나 ②번, ③번에 대한 확신이 있을 때만 답으로 선택.

어법은 사실 전략만으로 해결하기 쉽지가 않아. 확률을 높이는 게 최선이지. 어법에 관해서 진짜 할 말이 많은데 이 책의 목적에 부합하지 않으니까 생략할게.

시중에 나와 있는 어법 공식들을 적용하려면 최소한 5개 문장의 형식과 각각에 해당하는 유형의 동사들에 대해 알아야 해. 그런데 그런 정보는 시중에 널렸어. 관련 강의도 찾아보면 쌔고 쌨지. 그런데 지금 이걸 보고 있는 너희들은 그걸 몰라서 공략법을 알고 싶은 거잖아? 시중에 널린 어법 공식도 이해 못 한다면, 지금 아주 잘 보고 있는 거야. 단, 이걸로는 어법 문제 정복은 절대 못 해. 수능 어법 어휘문제를 위한 책만 따로 수십 권 존재할 정도로 이게 간단한 문제는 아니거든. 이 전술들은 단지 정답까지 가는 확률을 높이는 것이라는 점 짚고 넘어갈게.

전술 1. 기출 선지 분석을 통해 트렌드를 파악한다.

아래 표를 봐. 최근 수능 및 평가원 모의고사 기출어법 선지를 분석해봤어. 답만 봐도 어떤 어법이 출제되는지 한 눈에 보이지? 자주 보이는 유형을 집중해서 공부하면 돼.

[수능 및 평가원 모의고사 어법문제 선지 분석]

		①	②	③	④	⑤
2022 학년도	9월	수일치	대명사	which →that	목적격 보어형용사	과거분사
	6월	대명사	수일치	관계부사 where	수동태	병렬
2021 학년도	수능	과거분사	대명사	부사	수일치	what→ whether
	9월	관계부사	수일치	부사	동명사	대동사
	6월	접속사	동사자리	과거분사	명사절 that	관계대명사 who
2020 학년도	수능	수일치	접속사	관계대명사	현재분사	재귀대명사
	9월	목적격 보어	도치구문	재귀대명사	관대절동사	관계대명사 whose
	6월	목적격 보어	병렬구조	관계대명사 what	수일치	that → 가주어 it
2019 학년도	수능	전치사의 목적어	대동사	지시대명사	관계대명사 that	수동태
	9월	전치사 + 관계대명사	재귀대명사	to부정사	목적격 보어	what →that
	6월	so~ that	관계대명사 what	가주어	병렬구조	분사구문
2018 학년도	수능	수일치	what → whether	능동진행형	대명사의 수일치	to부정사
	9월	과거분사	동사 → 현재분사	부사	소유격 대명사	관계대명사 what
	6월	현재분사	소유격 대명사	병렬구조	부사	관계대명사 that
2017 학년도	수능	지시대명사	과거분사	수동태	관대what 관용적 표현	수일치
	9월	(A)형용사병렬		(B) 전치사+관계대명사		(C)동사자리
	6월	도치구문 수일치	형용사 병렬	소유격 대명사	현재분사 → 과거분사	관계대명사 what

전술 2. 나오는 놈만 쏙쏙 골라서 집중 공략

자, 이제 이번에는 위의 분석을 바탕으로 출제 확률이 높은 순으로 정리해봤어. 자주 출제되는 유형은 반드시 익혀두어야 해. 비록 수능에서 한 문제밖에 출제가 안 되지만 그 한 문제 때문에 등급이 달라져서 미래에 나비효과가 나타날 수도 있으니까.

[수능 빈출어법 핵심정리]

	유 형		Solution	
1	동사	**동사의 수일치**	주어 찾고, 수식어구 괄호치고 동사가 적절하게 쓰였나 확인	→전술 1번
2		**동사 자리 찾기**		
3	분사	**ing 능동**	① ~하는, 하고 있 ② 주체의 감정을 유발함	→전술 3번
4		**pp 수동**	① ~되는, ~된 ② 주체가 이 감정을 느낌	→전술 3번
5	선포관대	**what**	너무 중요한데 너무 자주 나오기까지 해서 설마 또 나올까 싶지만 그래도 알아 둬야지.	→전술 2번
			2018 수능, 2021 수능에서 정답 선지로 출제됨	
6	**관대 / 관부**		뒤 문장의 완전 vs 불완전 여부 확인 →전술 2번	
7	**명사절 접속사** **that, if, whether**		뒤 문장의 완전 vs 불완전 여부 확인 →전술 2번	
8	기타 - 명사 / 대명사 / 형용사와 부사 / 비교 / 병렬구문 / 간접의문문 / 강조·도치·생략			

초창기 수능 어법은 아주 쪼잔한, 지엽적인 문법 부분까지 물어봤었어. 반드시 외워야만 풀 수 있는 문제들도 있었지. 하지만 이제는 달라. 수능 출제위원들은 너희들이 문장의 핵심 구조를 파악하길 원하거든. 그래서 큰 틀로 볼 때 동사 부분이 제일 많이 출제돼. 수능과 평가원 어법문제

의 기출문제는 거의 절반 이상이 동사라는 점이 이것을 증명하지.

이제 평가원의 출제 의도를 살펴볼 차례야. 아래 하이라이트 된 부분을 한번 읽어보자.

6. 문법 및 어휘

문법 및 어휘를 위해서는 글의 전체적 의미나 문장 간의 의미적 관련성을 통하여 어법의 적합성이나 어휘의 적합성을 파악하는 능력이 필요합니다. 문법과 어휘에는 다음과 같은 문항 유형이 있습니다.

문항유형	문법	문맥에 따른 어법 정확성 파악하기, 지칭 추론하기
	어휘	문맥에 따른 어휘 적절성 파악하기

학습안내

가. 문법

문법 능력을 기르기 위해서는 문법 지식에 대한 단순한 암기보다는 담화나 문단의 전체적인 의미나 문장 사이의 의미적 관련성을 통해 문법이 정확하고 적절하게 사용되었는지를 파악하는 연습이 필요합니다. 문법에 대한 판단은 하나의 문장 안에서 이루어질 수도 있지만, 전후 문장 및 전체 글의 맥락을 이해해야 하는 경우도 있기 때문에 평소에 다양한 소재의 글을 읽으면서 시제, 수일치, 수동/능동과 같은 여러 문법 요소들이 어떻게 사용되고 있는지 구체적으로 따져보는 것이 좋습니다. 또한 문장을 구성하는 기본적인 문법 지식을 익히고, 글을 구성하는 다양한 문장 구조의 특성을 학습하는 것도 도움을 줄 수 있습니다.

문법 지식에 대한 단순한 암기를 지양한다고 되어있어. 단순히 암기해서 풀 수 있는 선지는 만들지 않겠다는 거지. 대신, 전체적인 의미나 문장 사이의 의미적 관련성을 따져보고 해당 문법이 적절하게 사용되었는지를 판단해야 해. 자, 그럼 본격적으로 시작해 볼까.

전술 3. 기.승.전.동사

동사가 제일 중요해. 동사에 관해서는 "시제, 조동사, 가정법, 수동태 등" 문제 낼 것이 정말 많은데 그중에서 수능이 좋아하는 유형은 두 가지야.

① 동사 자리에 딴 것 쓰기

여기서 말하는 "딴 것"이란? 준동사 즉, to 부정사, 현재분사(ing), 과거분사(ed)를 말해. 그런데 준동사 중에서도 주로 현재분사인 ing 형태가 출제가 돼. 따라서 선지에 준동사가 있으면 동사 자리가 아닌지 반드시 의심을 해줘.

※ 준동사란? 동사에서 비롯되어서 동사의 성질은 있지만, 동사 역할은 할 수 없는 것. 위에서 동사가 제일 중요하다고 했지? 준동사는 동사의 친척이니까 준동사도 수능이 꽤 좋아해. 잘 기억해 둬.

② 주어 동사 수 일치

문장에서 동사를 찾았으면 주어와 한번 맞춰 보는 거야. 주어가 단수면 동사도 단수(동사에 s 있음), 주어가 복수면 동사도 복수(동사에 s 없음).

전술 4. 관대는 불완전, 관부는 완전

Dee쌤은 관대 what이 나오면 무조건 딱!! 두 가지만 떠올리라고 해.

① 앞에 명사(선행사)가 있는가? (없어야 함)

② 뒤 문장이 불완전한가? (불완전해야 함)

ⓝX + what + 불완전한 문장

그럼 관대 what은 알았고, what 말고 다른 것도 복잡하게 말고 외우기 쉽게 딱! 정리해 달라고? 오케이. 당연하지. 싹 정리해 줄게.

[관대 관부, 딱! 요것만]

선행사(명사) 유무	관대, 관부	완전 vs 불완전
명사 O +	[관대] who, which, that, whom, whose	+ 불완전한 문장
몇사 X +	[관대] what	+ 불완전한 문장
명사 O +	전치사+ 관대	+ 완전한 문장
명사 OX +	[관부] when, where, why, how	+ 완전한 문장
명사 OX +	[명사절 접속사] if, whether, that	+ 완전한 문장

여기서 중요한 점은 관계대명사, 관계부사 문제가 전술 1의 '동사' 문제만큼이나 아주 자주 출제가 된다는 거야. 반드시 기억해둬.

전술 5. 분사

분사의 종류는 두 가지야. 현재분사(ing)와 과거분사(ed)가 있고 형용사 역할(명사 수식, 보어 역할)을 하지. 지금 문법강의는 아니니까 너희들이 외워야 할 것만 알려줄게.

선지에 ing 나오면	→ ① 뒤에 명사 있어야 함 → ② 주체의 감정을 유발함	능동, 진행
선지에 pp 나오면	→ ① 뒤에 명사 없어야 함 → ② 주체가 이 감정을 느낌	수동, 완료

전술 6. 형용사, 부사

선지에 있는 부사가 답이 되려면, 즉 '어법상 틀린 부분'이 되려면 그 부사를 형용사로 바꿔야 하는 경우가 대부분이야. 보어라고 하는 문장성분 자리에 형용사가 와야 하는데 그 자리에 부사를 써놓는 식으로 문제를 내지.

사실 부사는 하는 역할이 수식밖에 없고 빼도 말이 되므로, 그 중요하고 수많은 어법 중에서 부사가 수능 문제의 정답으로 채택될 자격이 그다지 없어. 오답 선지에서는 자주 등장을 하지만 답으로 되는 경우는 드물다는 말이야. 앞부분에 Dee쌤이 수능 및 평가원 모의고사 어법문제선지 분석해 놓은 거 보면 확실히 알 수 있어.

그럼 형용사로 돌아가서, 형용사를 써야 할 보어 자리에 부사를 써서 틀린 어법을 만든다고 했지? 그럼 보어를 갖는 동사를 알아볼 수만 있으면 그만의 형용사만 쓰면 되겠네? 좋아. 잘 따라오고 있어. 아래 동사들만 암기하고 그 뒤에는 무조건 형용사다!

[아래 동사들 뒤에는 무조건 형용사]

2형식	S	V	C	
		look, sound, feel, be become, get, seem, appear, prove, remain 등	형용사 O 부사X	
5형식	S	V	O	OC
		make, think, find, consider keep, believe, drive, leave, get 등		형용사 O 부사X

전술 7. 대동사는 앞을 확인

do나 be 동사에 밑줄이 그어져 있으면 대동사 문제야. 이 경우 약간의 해석이 필수인데 밑줄 그어진 do나 be 동사가 무엇을 가리키는지 알려면 직전에 있는 동사를 봐.

바로 직전 동사가 일반동사다. → 답: do/does/did (두더지)

바로 직전 동사가 be동사다. → 답: be동사

바로 직전 동사가 조동사다. → 답: 앞에 있는 것과 똑같은 조동사

전술 8. 5형식 동사는 뒤가 중요

<table>
<tr><td>주어</td><td>동사</td><td>목적어</td><td>목적 보어</td></tr>
<tr><td rowspan="10">S</td><td>사역동사</td><td colspan="2">목적어와 목적 보어의 관계가 능동</td></tr>
<tr><td rowspan="4">make, have,
let, get, help</td><td>O(목적어)</td><td>동사원형/help, get은 toV</td></tr>
<tr><td colspan="2">목적어와 목적 보어의 관계가 수동</td></tr>
<tr><td>O(목적어)</td><td>pp(주로 ed 형태)</td></tr>
<tr><td>지각 동사</td><td colspan="2">목적어와 목적 보어의 관계가 능동</td></tr>
<tr><td rowspan="4">see, hear,
feel, smell,
notice, observe</td><td>O(목적어)</td><td>동사원형/ing</td></tr>
<tr><td colspan="2">목적어와 목적 보어의 관계가 수동</td></tr>
<tr><td>O(목적어)</td><td>pp(주로 ed 형태)</td></tr>
<tr><td colspan="3">to 부정사를 목적격 보어로 취하는 불완전 타동사</td></tr>
<tr><td>ask, allow, advise, cause, convince, compel, expect, enable, encourage, force, order, persuade, permit, tell, want, warn, urge</td><td>목적어</td><td>to 동사원형</td></tr>
</table>

수능에 그다지 자주 출제되지는 않지만, 너무 중요한 어법이니까 기억해 두라고 정리해봤어.

전술 9. 수동태 다음은? "to"

이건 사실 토익 공식인데 수능에도 유효하므로 기억해둬.

be pp 형태가 있으면 그다음은 "to V" → → S + be pp to V

드디어 어법 끝이야! 토닥토닥… 수고했어.

"선생님. 그런데요. 한 문제 맞히려고 너무 피똥 싼 것 같은데요. 그냥 포기하고 싶…"

쉿~! 더 이상 말하지 마. 알아. 네 마음. 그렇다고 포기하면 이 한 문제 때문에 등급 숫자가 달라질 수 있어. 그나마 다행인 건, 수능 어법은 전술 1과 전술 2의 내용이 거의 다이기 때문에 그것들만 가지고도 웬만한 어법 문제는 풀 수가 있어. 절대로 포기하지 마!

Dee쌤의 Ctrl

수능 단축키 9강 초간단 요약

매 강의의 수능 단축키는 반드시 위에 설명 듣고 보세요.
요약만 보아서는 이해되지 않습니다.

1. 기출선지 분석을 통해 트랜드를 파악한다. [전술 1의 표]
2. 분석결과 적용해서 핵심빈출 집중 공략. [전술 2의 표]
3. 기·승·전·동사
   ① 동사 자리에 딴 것 쓰기.
   ② 주어 동사 수일치.
4. 관대 + 불완문, 관부 + 완문 [전술 4의 표] 반드시 암기.
5. 현분, 과분, 분사구문 [전술 5의 표] 암기.
6. 형용사 vs 부사
7. 대동사는 앞을 확인.
8. 5형식 동사는 뒤가 중요.
9. S+ be pp to V

김치찌개의 핵심은 뭐지? 김치지. 그럼 고추장불고기의 핵심은? 당연히 불고기지. 고추장이 아니야. 그럼 이번엔 어려운 문제. 짬뽕의 핵심은 뭘까? 아, 이건 너무 고난도야. 해물이라고 하는 사람도 있을 거고, 면발이라고 말하는 사람도 있을 거야. 또 누구는 국물이라고 하겠지.

지금 다룰 어휘문제는 짬뽕이 아니라 김치찌개야. 짬뽕처럼 맛보는 사람에 따라 핵심이 달라지는 게 아니라 김치찌개처럼 누가 봐도 핵심요소가 당연한 거야. 어휘문제의 핵심은 어휘니까. 너무 당연해서 입에 담기도 부끄럽지만, 어휘의 뜻을 모르면 답을 찾을 수가 없잖아.

"쌤. 그럼 저는 이번 생에 어휘문제는 틀린 건가요? 또르르."

쉿! 울지 마. 나의 작은 아기 새. 여기 Dee쌤 있잖아.

나. 어휘

어휘 능력을 기르기 위해서는 다양한 소재의 글을 읽고 글의 전체적 흐름을 빠르게 파악하고 문맥을 활용하여 어휘의 의미를 유추해 보는 연습이 필요합니다. 단순히 어휘의 사전적인 의미를 암기하는 것에 그치지 않고, 글의 중심 내용과 흐름을 고려하여 문맥에 어울리는 적절한 의미를 생각해야 합니다. 또한 어휘의 1차적 의미뿐만 아니라 2차적, 3차적 의미까지 고려해서 문맥에 가장 적절한 의미가 무엇인지 생각해 보는 것도 도움을 줄 수 있습니다.

한국교육과정평가원의 수능영어 절대평가학습안내의 일부야. 이 짧은 글에 킬링 포인트가 너무 많지? 휴…

① 글의 전체적 흐름 파악.

② 문맥을 통해 어휘 유추.

③ 사전적 의미를 넘어서 문맥 고려.

④ 2차, 3차적 의미까지 고려.

우리의 좌절은 여기서 그치지 않아. 아래 2022년도 대학수학능력시험 학습방법안내를 봐. 단 한 문제를 풀기 위해서 영어를 통달해야만 할 것 같은 우울한 기분이야.

평가 요소

- 이 문항은 글의 전체적인 의미나 문장 간의 의미적 관련성을 통하여 어휘의 적합성을 파악하는 능력으로서, 어휘의 정확성 파악 및 지칭 추론 등을 할 수 있는 능력을 측정하는 문항이다.
- 이 문항은 2015 개정 교육과정 영어 I 과 영어 II의 읽기 영역 '교수·학습 방법 및 유의 사항'의 '문맥을 통하여 낱말의 의미와 글의 내용을 유추하도록 지도한다.' '평가 방법 및 유의 사항'의 '어휘에 대한 평가는 맥락 속에서 단어의 의미 이해 능력을 중심으로 평가한다'와도 연관된다.

문항 풀이를 위한 주요 개념·원리

- 본 문항의 정답을 찾기 위해서는 제시된 어휘의 개별적 의미와 함께 글의 맥락 속에서 낱말의 의미를 이해하는 것이 중요하다.

학습 안내

- 읽기의 언어형식·어휘 중 어휘 문항 유형은 문맥에 알맞은 어휘를 사용하는 능력을 평가하는 문항이다. 어휘 문항 유형을 해결하기 위해서는 다양한 소재의 글을 읽으며 글의 전체적 흐름을 빠르게 파악하여 어휘의 의미를 유추하되, 어휘의 다양한 쓰임과 의미까지 고려해서 문맥에 가장 적절한 의미를 생각해 보는 연습이 가장 효과적이다.
- 영어 I 과 영어 II에서 제시하고 있는 수준의 어휘 학습이 되어야 하겠다. 특히 동의어, 반의어, 파생어, 철자 혼동 어휘에 대한 기본적인 학습이 필요하다. 어휘의 의미를 많이 암기하는 것에만 그치지 말고, 글의 전체적인 흐름 다시 말해 글의 논지를 염두에 두고 문맥에 적절한 어휘의 의미를 추론하는 연습이 중요하다. 문맥 속에서 적절한 어휘를 추론할 때, 앞뒤 문장의 논리적인 관계에 주목하여 단서를 찾아내야 한다는 점을 명심해야 한다.

부정적인 생각은 이제 그만. 너희들이 이 책을 보고 있는 이유를 떠올려봐. 최대한 쉽게 정답까지 가는 길을 풀어줄게. 자, 기술 들어간다.

전술 1. 오답 거르기

선지 ①번은 99% 확률로 답이 아니야. 왜냐고? 어휘문제의 핵심은 일관성, 응집성, 통일성이야. 이 짧은 수능 영어지문은 하나하나가 주제를 담고 있고 그 주제에 맞게 처음부터 끝까지 자연스러운 흐름으로 이야기를 하지. 각 문장이 유기적으로 연결이 되어있어. '유기적'이라는 말은 '생물체처럼 전체를 구성하는 각 부분이 서로 밀접하게 관련이 있어서 떼어낼 수 없는' 상태를 말해.

그러니 우리가 할 일은 글의 앞부분의 내용 파악한 것을 가지고 지문 내용의 흐름이 앞뒤가 맞는지를 의심하면서 읽어 내려가는 거야. 지문의 상단부를 보고 "아, 이 글이 이런 이야기를 하려는 구나." 또는 "이런 식으로 이야기가 전개되겠구나." 하는 등의 예상을 해야 한다고. 다시 말해 출제자는 해당 지문의 처음 한두 문장을 통해 학생들이 이 글의 소재, 때로는 주제까지도 파악할 수 있도록 해줘야 한다는 뜻이야. 그런데 ①번부터 문맥상 쓰임이 어색한 낱말을 쓰면 글 전체의 흐름을 잡아낼 수가 없어. 그리고 실력 있는 친구들의 경우는 ①번에서 답이 나와 버리면 지문을 끝까지 다 읽을 이유가 없어. 문제의 난이도가 지하실까지 내려가는 거지. 오답 체크 차원에서 예의상 ②번까지는 확인하고 아마 다음 문제로 넘어갈 거야. 그래서 통상적으로 ①번은 정답 선지로 사용되지를 않는 거야. 그동안 정답이 된 적이 없었어.

앞서 99%의 확률이라는 것은 1%의 가능성이 있다는 말이지? 그동안 ①번이 답이 된 적은 없었지만, 글의 서두에서 충분히 내용을 숙지할 만큼 명확히 내용이 제시되어 있고 지문이 길어서 ①번이 글의 중·하단부에 위치한다면 ①번부터 의심하며 읽어야 하므로 1%를 남겨 놓은 거야.

그런데 여기서 잠깐! 너희들 '도박사의 오류(Gambler's fallacy)'와 '뜨거운 손의 오류(Hot hand fallacy)'라는 말 들어 본 적 있어? 도박사의 오류란 도박에서 줄곧 잃기만 하던 사람이 이번엔 꼭 딸 거로 생각하는 오류를 말해. 이기고 질 확률은 언제나 50 대 50인데도 말이지. 주식 투자를 하면서 계속 주가가 내렸으니 다음엔 오를 거라고 기대하는 것, 당첨 확률이 극히 낮은 복권을 계속 사는 것, 계속 딸을 낳았으니 이번엔 아들을 낳을 거라고 생각하는 것도 도박사의 오류가 작용한 예라고 할 수 있어.

그런데 같은 상황으로도 "지금까지 주식이 내렸으니 앞으로도 내려갈 거야", "계속 딸을 낳았으니 앞으로도 딸을 낳을 거야"와 같이 반대의 생각을 할 수도 있어. 이것을 '뜨거운 손 오류'라고 해. 스포츠나 도박에서 한번 성과를 본 사람이 다음에도 계속 그럴 거라는 믿음을 갖는 것을 말해. 확률은 여전히 50%임에도 불구하고 앞서 일어난 일이 계속 일어날 것이라고 생각하는 오류야.

자, 여기서 내가 하려는 말은 1등급, 2등급 학생들은 이 '도박사의 오류'와 '뜨거운 손 오류'에 빠지지 말라는 거야. "지금까지 ①번이 답이 아니었으니 이번에는 ①번이 나올 때가 되었어" 라든지, "지금까지 계속 ①번이 답이 아니었으니 이번에도 절대로 답이 아닐 거야"라는 식의 단정을 지어서는 안돼. 지금까지 그래왔다는 것이 너희들이 문제를 푸는 근거가 되어서는 안 된다는 말이야. 따라서 지금 말한 전술 1번의 '①번은 높은 확률로 답이 아니다'라는 것은 참고사항이니 너희들이 ①번에 대한 확신이 있을 때는 과감하게 ①번을 쓰도록 해.

전술 2. 220개월 아기는 반대로 말해요.

너희들도 태어난 지 벌써 220개월쯤 되었지.

보통 3세에서 5세가 되면 일부 아이들은 말을 거꾸로 하기도 해.

"제이야 밥 먹자" 하면, "제이야. 밥 안 먹자"하고, "제이야 이제 자야지" 하면, "제이야. 이제 안 자야지"라고 말하지. 반항의 일부라고 생각되어 일부 부모님들은 화가 나고 걱정하기도 하는데 이것도 성장 과정의 일부일 뿐이고 시간이 지나면 사라지는 현상이야.

반대로 말하기. 바로 이것이 이 문제의 핵심이야. ②번, ③번, ④번, ⑤번 중에 누가 봐도 반대말이 있는 단어가 답이야. 아리송하게 반대말 있는 것은 답으로 쓰면 안 돼.

평소에 단어 암기할 때 동의어와 반의어도 함께 공부해 둔 학생이라면 이 어휘문제에 진가를 발휘하겠지. 어휘는 The more, the better. 다다익선(多多益善)이야. 많이 암기해 둘수록 무조건 좋다고. 기본 어휘만 달랑 암기하지 말고 동의어, 반의어까지 암기해 두면 최고지. 수능까지 시간이 좀 있다면 어휘암기는 필수 중의 필수, 기본 중의 기본이니 문제 많이 풀 생각 말고 어휘암기부터 잔뜩 해놓길 바라.

그런데 지금 수능이 얼마 안 남아서 발등에 불이 떨어져 "아. 평소에 단어 공부 좀 해둘걸…" 하고 후회하고 있다면 걱정하지 마. 지금 바로 반대말이 있는 단어의 특징들을 모아서 알려줄 테니!

반의어가 있는 어휘들의 생김새 (반의어 접두사)

un-, dis-, de-, in-, im-, ir-, il-, counter-,

anti-, with-, mis-, ob-, op-, ex-, out-

사실, 이처럼 접두사를 붙여서 반의어를 만드는 경우보다 단어 자체가 반대의 뜻을 가진 어휘가 정답 선지가 될 가능성이 훨씬 더 많아. 접두사가 붙은 반의어를 정답 선지로 만들면 너무 쉬운 문제가 되어 버리거든. 그러니 평소 어휘암기 할 때 반의어도 함께 외워두면 아주 좋겠지? 아래 표에 기출예시 정리해줄게. 어휘 수준이 어느 정도 인지 감을 잡아봐.

출처	정답선지 (틀린 어휘)	올바른 표현
2021 수능	⑤ lacked	had
2020 수능	④ denying	conceding
2019 수능	⑤ laboriously	easily

2018 수능	② found	lost
2022. 9.	④ seized	missed
2021. 9.	④ inappropriate	appropriate
2020. 9.	⑤ optional	essential
2019. 9.	(A)-(B)-(C) 맞는 어휘 고르기 형식으로 출제	
2022. 6.	④ increase	decrease
2022. 6.	③ impossible	possible
2020. 6.	② forbid	motivate
2019. 6.	어휘문제 미출제	
절대평가 이전시험	(A)-(B)-(C) 맞는 어휘 고르기 형식으로 출제	

우리가 이 유형의 문제를 풀 때 틀린 표현을 올바른 표현으로 고칠 필요는 없어. 그냥 어색한 표현만 고르기만 하면 되는 거라고. 문맥상 자연스럽게 바꿀만한 올바른 단어가 생각나지 않아도 전혀 상관이 없다는 말이야.

전술 3. 앞뒤 문맥 확인하기

혹시 ②번, ③번, ④번, ⑤번 중에 누가 봐도 반대말이 있는 단어가 여러 개야? 그럼 반대말을 넣어서 헷갈리는 선지들이 들어간 문장을 다시 해석해 봐. 딱 그 문장만 해석하지 말고 앞, 뒤 문장도 다시 봐야 해. 문맥상 어색한 낱말 문제는 앞뒤 문장이 유기적으로 연결되어 있다고 했지? 반대말을 넣어보고 문맥의 흐름이 자연스러운지 확인해 줘.

전술 4. 밑줄 문장 자체의 논리 확인

간혹 앞뒤 문맥을 확인하지 않고 해당 문장 자체만 읽어보아도 논리가 맞지 않는 경우도 있어. 이런 경우는 기본점수 주는 거니까 감사한 마음으로 경건하게 읽고 꼭 맞히길 바라. 출제위원님, 사랑합니다.

Dee쌤의 Ctrl

수능 단축키 10강 초간단 요약

매 강의의 수능 단축키는 반드시 위에 설명 듣고 보세요.
요약만 보아서는 이해되지 않습니다.

1. 안될 놈 안 될.
2. 220개월 아기는 반대로 말해요.- 반의어가 있는 것을 찾아라.
   반의어가 있는 어휘의 특징을 기억하고 동의어,
   반의어 암기는 다다익선(多多益善).
3. 앞뒤 문맥 확인하기.
4. 문장 차제 논리 따져보기.

자, 드디어 올 것이 왔어. 수능영어의 빌런(villain)! 빈칸추론! Dee쌤이 뒤에서 설명할 [다 풀고 시간 남는 수능영어 문제풀이순서] 대로 한다면 빈칸추론문제는 제일 미지막에 풀게 될 거야. 그동안 빈칸추론문제를 착실하게 위에서부터 해석만으로 풀어서 고군분투해 온 너희들, 고생 많았다. Dee쌤이 이 빌런 녀석을 정의의 이름으로 조져줄게.

('조지다'는 국립국어원의 표준국어대사전에 등재된 표준어로 ① '짜임새가 느슨하지 않도록 단단히 맞추어서 박다.' ② '일이나 말이 허술하게 되지 않도록 단단히 단속하다'라는 의미를 가지고 있음.)

우선 이 녀석이 어떤 녀석인지 부터 알아보자.

손자병법(孫子兵法) 제3편 〈모공(謀攻)〉편 보면 이런 말이 나와. 지피지기백전불태(知彼知己百戰不殆). 적을 알고 나를 알아야 백번 싸워도 위태롭지 않다는 말이야. 흔히 '지피지기백전백승'으로 알려져 있지. 수능은 전쟁이야. 우리도 빈칸추론의 출제원리와 주요개념을 잘 알아야 빈칸추론에서 흔들리지 않고 수능영어를 정복할 수 있어. 자, 그럼 한국교육과정평가원의 [2022년도 대학수학능력시험 학습방법안내]를 분석해서 빈칸추론을 본격적으로 분석해 보자.

평가 요소

- 이 유형은 글의 핵심적인 내용(주제문이나 주요 세부 내용)과 글의 논리적 흐름을 고려하여 문맥상 빈칸에 들어갈 가장 적절한 표현을 추론하는 능력을 측정하는 문항이다.

문항 풀이를 위한 주요 개념·원리

- 본 유형의 정답을 찾기 위해서는 지문을 빠르고 정확하게 읽으면서 지문의 중심소재 및 주제문을 찾고, 이를 바탕으로 글의 중심 내용을 파악하는 능력이 무엇보다 중요하다. 빈칸 추론 문항의 빈칸은 일반적으로 해당 지문의 중심적인 내용 혹은 그것과 밀접한 관련이 있는 세부 정보와 관련이 있다.

빈칸추론에서 가장 중요한 능력은 뭐다? 그렇지! 중심내용을 파악하는 능력이지. 그래서 무슨 연습을 해야 한다? 그렇지! 주제·요지를 파악하는 연습을 해야 하지. 그래서 빈칸은 무엇과 관련이 있다? 그렇지! 중심내용 혹은 주요 세부정보와 관련이 있지.

학습 안내

- 빈칸 추론 문항은 일반적으로 학술적 지문이 주로 사용되므로 단순하고 기계적인 문제 풀이 요령만으로는 정답을 찾기 어려우며, 평상 시 지문 전체의 내용을 빠르고 정확하게 읽어 나가면서, 지문의 핵심 소재와 그와 관련된 주제 및 요지를 파악하는 연습을 충실히 해야만 해결할 수 있다.
- 이를 위해서는 다음과 같은 학습 전략이 필요할 것이다. 먼저, 평소 다양한 소재와 주제의 학술적 지문을 읽고 이해하는 학습이 필요하다. 영어Ⅰ과 영어Ⅱ에서 제시되고 있는 여러 기초 학술적 지문을 충실히 학습한 후, 이를 바탕으로 다양한 소재와 주제의 글로 학습 범위를 확장하여 글을 읽고 이해하는 연습을 충실히 하도록 한다.
- 더불어, 빈칸 추론 문항은 해당 지문에서 정답과 밀접하게 관련된 단서 또는 근거가 되는 부분이 존재하는 것이 일반적이다. 글을 읽어 나가면서 빈칸의 단서 또는 근거가 되는 부분을 찾아 표시하고, 이를 바탕으로 빈칸에 들어갈 말을 추론해보는 연습도 효과적이다.

여기서도 같은 말을 반복하고 있어. 주제·요지를 파악하는 연습을 충실히 해야만 문제 해결을 할 수 있다는 점을 강조하고 있는 거야. 또한 빈칸 추론문장은 해당 지문에서 정답과 밀접하게 관련된 단서 또는 근거가 되는 부분이 존재하는 것이 일반적이니 이 근거가 되는 부분을 찾아 표시하라고 제시하고 있어.

자, 그럼 이 두 가지에서 우리가 이끌어 낼 수 있는 빈칸추론의 핵심은 무엇일까? 맞아. 빈칸추론문제는 결국 '해당 중심 내용' 즉, 주제를 찾는 거야. 다시 말해 빈칸이 주로 글의 주제를 포함하고 있으며 빈칸이 아닌 다른 부분에 단서가 반드시 존재한다는 말이야. 물론 빈칸이 아닌 다른 부분에 글의 주제가 명확히 드러나는 경우도 있지. 이건 빈칸이 '글의 주제와 밀접한 세부정보'를 담고 있는 경우야. 뒤에서 다룰 거야.

그럼 위 내용을 깔끔하게 정리해 줄게. 한국교육과정평가원이 제시한 빈칸추론문제 해결 방법은 두 가지야.

첫째, 글의 주제·요지를 파악해야 한다.
둘째, 정답이 되는 빈칸 부분 외에 다른 부분에 정답의 근거가 반드시 존재하니 그걸 찾아야 한다.

그런데 이거 조금 막연하지 않아? 이 막연한 걸 우리가 못하니까 빈칸에서 다 틀리고 등급 떨어지는 거잖아. 걱정하지 마. Dee쌤이 도와줄게.

너흰 이제 뒤만 조심해. 앞으로는 Dee쌤이 책임질 테니까.

> **나. 읽기**
>
> 읽기에서 글의 논리적 관계를 파악하는 능력을 기르기 위해서는 글의 전개 방식과 논리적인 흐름을 이해하고, 글에 직접적으로 명시되지 않은 사항도 논리적으로 추론하는 노력이 필요합니다. 빈칸의 내용을 추론해야 하는 문항의 경우 빈칸에 들어갈 내용은 주로 글의 주제나 요지와 관계가 있거나 주요 세부사항과 관련이 있습니다. 따라서 다양한 소재의 글을 읽으며 글의 핵심 내용을 파악하고, 핵심 내용의 전후 관계 및 인과 관계를 파악하는 연습이 효과적입니다. 친구들과 함께 글을 읽으면서 각자 빈칸을 만들어 본 후, 들어갈 적절한 내용이 무엇인지 서로 유추하고 토론하는 것도 좋은 학습 방법이 될 수 있습니다.

-수능영어 절대평가학습안내

빈칸을 아무 데나 뚫어 놓지는 않지. 빈칸을 만드는 세 가지 경우를 말해 줄게.

하나! 빈칸이 주제문이다.: 빈칸이 가장 중요한 문장이다.

둘! 빈칸은 주제문을 읽고 추론하는 것이다.: 빈칸이 두 번째로 중요한 문장이다.

셋! 빈칸은 주제문에 대한 주요 세부정보이다.: 글의 주제와 밀접한 관련이 있는 정보이다. 여기서 핵심은 그냥 세부정보가 아니라 '주요' 세부정보라는 거지. 없어도 되는 예시하고는 다른 거야.

세 가지 경우의 공통점은 모두 '주제문'이라는 단어가 들어가 있다는 거야. 조금 감이 오지? 맞아. 빈칸추론문제는 결국 글의 주제와 관련이 있어.

자, 그럼 본격적으로 빈칸추론문제 푸는 전술을 소개할게. 여러가지를 소개할 건데, 어느 방법으로 풀어도 상관없어. 이 방법들을 각자 완전히 독립된 방법이 아니라 서로 겹치는 부분이 있는데 그것이 바로 앞서 말한 빈칸추론문제의 핵심 즉, 빈칸이 주제문과 관련이 있다는 것이야. 이 점을 기본으로 깔고 가자.

전술 1. Finding Paraphrased Part(패러프레이징 된 부분 찾기)

Dee쌤이 가장 중요시하는 비법이자 가장 유용하고 강력한 방법이 바로 이 Finding Paraphrased Part야. 줄여서 '패프 찾기'라고 할게. 이 Paraphrasing의 중요성은 아무리 강조해도 지나치지 않아.

'수능 전체의 핵심전략이 딱 잘라 무엇이냐?'고 묻는다면 Dee쌤은 주저 없이 '명시적 단서'와 'Paraphrasing'이라고 말할 정도로 중요해.

학습 안내

- 빈칸 추론 문항은 일반적으로 학술적 지문이 주로 사용되므로 단순하고 기계적인 문제 풀이 요령만으로는 정답을 찾기 어려우며, 평상 시 지문 전체의 내용을 빠르고 정확하게 읽어 나가면서, 지문의 핵심 소재와 그와 관련된 주제 및 요지를 파악하는 연습을 충실히 해야만 해결할 수 있다.
- 이를 위해서는 다음과 같은 학습 전략이 필요할 것이다. 먼저, 평소 다양한 소재와 주제의 학술적 지문을 읽고 이해하는 학습이 필요하다. 영어 I 과 영어II에서 제시되고 있는 여러 기초 학술적 지문을 충실히 학습한 후, 이를 바탕으로 다양한 소재와 주제의 글로 학습 범위를 확장하여 글을 읽고 이해하는 연습을 충실히 하도록 한다.
- 더불어, 빈칸 추론 문항은 해당 지문에서 정답과 밀접하게 관련된 단서 또는 근거가 되는 부분이 존재하는 것이 일반적이다. 글을 읽어 나가면서 빈칸의 단서 또는 근거가 되는 부분을 찾아 표시하고, 이를 바탕으로 빈칸에 들어갈 말을 추론해보는 연습도 효과적이다.

Paraphrasing은 앞서 함축의미 추론문제 전술에서 설명한 적이 있어. 기억하고 있지? (혹시 기억이 안나? 쉿! 공부 안 한 티가 나지 않도록 은밀하고 신속하게 함축의미 Part 다녀와.) Paraphrasing이란 같은 의미를 가진 다른 단어로 문장이나 단어의 의미를 바꿔 표현하는 걸 말해.

박스 안에 하이라이트 된 부분을 봐. 빈칸, 즉 '답이 되는 부분과 밀접하게 관련된 단서 또는 근거가 되는 부분이 존재하는 것이 일반적'이라고 하잖아. 일반적이라는 건 대부분 그렇다는 뜻이고 사실 예외가 거의 없어. 이 개념을 머릿속에 때려 박고 계속 근거를 찾아야 해. 출제자는 반드시 지문 어딘가에 빈칸에 들어갈 말을 표현만 달리해서 숨겨 놓게 되어 있어. 그걸 찾아보자고. 우리가 눈뜬장님이라 못 찾을 뿐이지 힌트는 반드시 있어. 그러니 확신을 갖고 찾아야 해. 눈에 불을 켜고. 무려 수능이잖아. 우리의 인생을 걸 만한.

전술 1-1 빈칸이 들어간 문장 먼저 읽기

지문을 처음부터 읽기 전에 무조건 빈칸이 들어간 문장부터 읽어봐야 해. 이 작업만 잘해도 글의 주제를 어렵지 않게 파악할 수가 있거든. 또 이게 습관이 되면 빈칸추론문제 푸는 시간을 획기적으로 단축할 수도 있고. 연습이 안 된 친구들은 빈칸문제만 싹 다 모아놓고, 문제 풀 때마다 "빈칸 먼저!"라고 소리 내어 말하면서 자꾸 상기해줘. 빈칸이 들어간 문장부터 해석해 보는 것이 아무것도 아닌 것 같아도 엄청나게 중요해. 너희도 모르게 주제 쪽으로 한 걸음 다가간 거라고. 이게.

다시 한 번 강조할게. 지문 읽기 전에 빈칸 먼저 읽는 것을 반드시 습관화해야 해. 습관이 얼마나 무서운지 보여주는 유명한 일화를 소개할게. 20세기 독일을 대표하는 에리히 캐스트너(Erich Kastner, 1899~1974)라는 작가가 있었어. 그가 겪은 일화야.

어느 날 나는 몇 명의 친구들과 여행을 떠나게 되었다. 그중에는 지독한 불면증으로 고생하던 친구가 있었다. 우리는 늦은 밤까지 기차 안에서 즐거운 대화를 나누었다. 그러던 중, 심한 불면증을 겪고 있는 그 친구가 그날따라 몰려오는 피곤함 때문에 대화하다 그만 잠이 들고 말았다. 그런데 한 10분쯤 지났을까? 그는 갑자기 벌떡 일어나더니, 자기 주머니에서 약통을 꺼내는 것이 아니겠는가? 그리고는 "정말 큰일 날 뻔했군. 하마터면 수면제를 먹지도 않고 잘 뻔했잖아?" 라고 중얼거리며 수면제를 먹더니 다시 잠들고 말았다.

얘들아. 습관이 이렇게 무서운 거란다. 좋은 습관의 경우는 인생을 바꿀 수도 있고 기적을 만들 수도 있어. 빈칸추론 할 때 빈칸을 먼저 읽는 다거나 연결사에 네모라미(네모 or 동그라미) 치는 사소한 습관조차도 너희의 미래를 바꿀 수 있다는 말이 약간 과장되게 느껴질 수도 있어. 하지만 그건 분명한 사실이야. 습관은 '뇌가 만든 단축키'라는 말이 있지. 자주 반복되는 일들을 고민 없이 자동으로 처리할 수 있도록 우리의 뇌는 무의식적으로 행동하는 '습관'이라는 것을 만들어 버린 거야. 좀 거창하게 표현하자면, '반복적인 행동으로 인해 인간의 뇌 안에서 회로가 만들어지는 것'을 뇌 과학적으로 습관이라고 하는 거야.

"We first make our habits, and then our habits make us."

-John Dryden

영국의 시인 존 드라이든이 한 말이야. 우리의 의식적인 행동의 노력이 습관을 만들고 그 습관이 결국 우리를 변화하게 만든다는 뜻이지. 빈칸을 먼저 읽고 연결사에 네모라미(네모 or 동그라미) 치는 행동을 습관화함으로써 너희의 등급이 향상되고 나아가 대학, 그리고 미래까지도 바꿀 수 있다고.

전술 1-2 본격적으로 '패프 찾기'

빈칸이 들어간 문장 먼저 읽었지? 그럼 이제 본격적으로 패프 찾기(Paraphrasing 된 부분 찾기)하는 거야. 무턱대고 비슷하게 생긴 부분 찾는 게 아니기 때문에 방금 읽은 빈칸 문장의 대략적인 내용(비록 빈칸이 있어서 완벽하지는 않지만)을 기억하면서 지문을 처음부터 읽어 내려갈 거야. 반복해서 말하건대 빈칸은 주제와 밀접히 연관이 있기 때문에 빈칸의 근거는 다양한 방식으로 지문 안에서 반복이 될 거야. 반복되는 어휘에 밑줄을 그으면서, 빈칸이 들어간 문장에 나온 단어가 사용된 다른 문장이 있는지, 내용은 같은데 동의어, 유의어 등으로 표현만 달리 한 문장이 있는지 찾아봐야 해. 기출에서 예시 보여줄게.

[2022년 9월 32번 – Paraphrasing]

32. Even as mundane a behavior as watching TV may be a way for some people to ______________________. To test this idea, Sophia Moskalenko and Steven Heine gave participants false feedback about their test performance, and then seated each one in front of a TV set to watch a video as the next part of the study. When the video came on, showing nature scenes with a musical soundtrack, the experimenter exclaimed that this was the wrong video and went supposedly to get the correct one, leaving the participant alone as the video played. The participants who had received failure feedback watched the video much longer than those who thought they had succeeded. The researchers concluded that distraction through television viewing can effectively relieve the discomfort associated with painful failures or mismatches between the self and self-guides. In contrast, successful participants had little wish to be distracted from their self-related thoughts!

* mundane: 보통의

① ignore uncomfortable comments from their close peers
② escape painful self-awareness through distraction 주의를 딴 데로 돌리는 것을 통해 고통스러운 자각에서 벗어난다
③ receive constructive feedback from the media
④ refocus their divided attention to a given task
⑤ engage themselves in intense self-reflection

주제문 : TV를 보는 것처럼 평범한 행동일지라도 그 행동은 어떤 사람들이 ________ 방법이 될 수 있다.

=

연구자들은 텔레비전 시청을 통해 주의를 딴 데로 돌리는 것이 고통스러운 실패나 자신과 자기 안내 지침 사이의 불일치와 관련된 불편함을 효과적으로 완화할 수 있다고 결론지었다.

[2022년 9월 34번 – Paraphrasing]

34. Enabling animals to ______________________ is an almost universal function of learning. Most animals innately avoid objects they have not previously encountered. Unfamiliar objects may be dangerous; treating them with caution has survival value. If persisted in, however, such careful behavior could interfere with feeding and other necessary activities to the extent that the benefit of caution would be lost. A turtle that withdraws into its shell at every puff of wind or whenever a cloud casts a shadow would never win races, not even with a lazy rabbit. To overcome this problem, almost all animals habituate to safe stimuli that occur frequently. Confronted by a strange object, an inexperienced animal may freeze or attempt to hide, but if nothing unpleasant happens, sooner or later it will continue its activity. The possibility also exists that an unfamiliar object may be useful, so if it poses no immediate threat, a closer inspection may be worthwhile. [3점]

* innately: 선천적으로

① weigh the benefits of treating familiar things with care
② plan escape routes after predicting possible attacks
③ overcome repeated feeding failures for survival
④ operate in the presence of harmless stimuli 무해한 자극 앞에서 움직일
⑤ monitor the surrounding area regularly

동물이 ______________ 수 있게 하는 것은 학습의 거의 보편적인 기능이다.

← [문제 상황 제시]

=

← [문제 해결 등장] 이 문제를 극복하기 위해,

거의 모든 동물은 자주 발생하는 안전한 자극에 익숙해져 있다.

불쾌한 일이 일어나지 않으면 그것은 머잖아 활동을 계속할 것이다.

[2022년 6월 31번 – Paraphrasing]

31. The growth of academic disciplines and sub-disciplines, such as art history or palaeontology, and of particular figures such as the art critic, helped produce principles and practices for selecting and organizing what was worthy of keeping, though it remained a struggle. Moreover, as museums and universities drew further apart toward the end of the nineteenth century, and as the idea of objects as a highly valued route to knowing the world went into decline, collecting began to lose its status as a worthy intellectual pursuit, especially in the sciences. The really interesting and important aspects of science were increasingly those invisible to the naked eye, and the classification of things collected no longer promised to produce cutting-edge knowledge. The term "butterfly collecting" could come to be used with the adjective "mere" to indicate a pursuit of secondary academic status.

* palaeontology: 고생물학 ** adjective: 형용사

① competitive
② novel
③ secondary
④ reliable
⑤ unconditional

수집은 가치 있는 지적 활동으로써의
지위를 잃기 시작했다.

수집된 것들에 대한 분류는
더 이상 최첨단의 지식을 생산할 **가망이 없었다.**

'나비 **채집**' 이라는 용어는
'한낱(mere)' 이라는 형용사와 사용되어
부차적인 학문적 **지위의 추구를 나타낼 수 있었다.**

[2022년 6월 34번 Paraphrasing]

34. Emma Brindley has investigated the responses of European robins to the songs of neighbors and strangers. Despite the large and complex song repertoire of European robins, they were able to discriminate between the songs of neighbors and strangers. When they heard a tape recording of a stranger, they began to sing sooner, sang more songs, and overlapped their songs with the playback more often than they did on hearing a neighbor's song. As Brindley suggests, the overlapping of song may be an aggressive response. However, this difference in responding to neighbor versus stranger occurred only when the neighbor's song was played by a loudspeaker placed at the boundary between that neighbor's territory and the territory of the bird being tested. If the same neighbor's song was played at another boundary, one separating the territory of the test subject from another neighbor, it was treated as the call of a stranger. Not only does this result demonstrate that the robins associate locality with familiar songs, but it also shows that the choice of songs used in playback experiments is highly important. [3점]

* robin: 울새 ** territory: 영역

① variety and complexity characterize the robins' songs
② song volume affects the robins' aggressive behavior
③ the robins' poor territorial sense is a key to survival
④ the robins associate locality with familiar songs
⑤ the robins are less responsive to recorded songs

이웃 새와 낯선 새에 대한 반응의 이러한 차이는,
이웃 새의 영역과 실험 대상이 되고 있는
그 새의 영역 사이의 **경계**에 놓인 확성기로
이웃 새의 노래가 **재생되었을 때만 발생**했다.

=

이 결과는
울새가 장소를 친숙한 노래와 연관시킨다는
것을 입증한다.

another boundary → call of a stranger
다른 경계 → 다른새의 울음으로 간주

locality / the boundary → familiar songs
(특정한) 장소/경계 → 친숙한 노래와 연관시킴

[2021년 수능 31번 – Paraphrasing]

31. In the classic model of the Sumerian economy, the temple functioned as an administrative authority governing commodity production, collection, and redistribution. The discovery of administrative tablets from the temple complexes at Uruk suggests that token use and consequently writing evolved as a tool of centralized economic governance. Given the lack of archaeological evidence from Uruk-period domestic sites, it is not clear whether individuals also used the system for personal agreements ___. For that matter, it is not clear how widespread literacy was at its beginnings. The use of identifiable symbols and pictograms on the early tablets is consistent with administrators needing a lexicon that was mutually intelligible by literate and nonliterate parties. As cuneiform script became more abstract, literacy must have become increasingly important to ensure one understood what he or she had agreed to.

* archaeological: 고고학적인 ** lexicon: 어휘 목록

*** cuneiform script: 쐐기 문자

① religious events
② personal agreements
③ communal responsibilities
④ historical records
⑤ power shifts

수메르 경제에서 사원(temple)은 행정당국으로서, 중앙집권화된 경제적 통치의 도구로 행정용 점토판(administrative)을 사용했음. 반면 고고학적 증거 부족으로 개인이 문자체계를 사용했던 목적은 불분명함.

따라서 빈칸 부분은 개인이 그 체계(문자체계)를 사용한 목적이 들어가야 함.

개인들 또한 사적인 합의를 위해 그 체계를 사용

=

어느 한 사람(개인)이 그 또는 그녀가 합의했던 것을 이해했음을 확실하게 하기위해

[2021년 수능 33번 Paraphrasing]

33. Thanks to newly developed neuroimaging technology, we now have access to the specific brain changes that occur during learning. Even though all of our brains contain the same basic structures, our neural networks are as unique as our fingerprints. The latest developmental neuroscience research has shown that the brain is much more malleable throughout life than previously assumed; it develops in response to its own processes, to its immediate and distant "environments," and to its past and current situations. The brain seeks to create meaning through establishing or refining existing neural networks. When we learn a new fact or skill, our neurons communicate to form networks of connected information. Using this knowledge or skill results in structural changes to allow similar future impulses to travel more quickly and efficiently than others. High-activity synaptic connections are stabilized and strengthened, while connections with relatively low use are weakened and eventually pruned. In this way, our brains are sculpted by our own history of experiences ___. [3점]

* malleable: 순응성이 있는 ** prune: 잘라 내다

① sculpted by our own history of experiences
② designed to maintain their initial structures
③ geared toward strengthening recent memories
④ twinned with the development of other organs
⑤ portrayed as the seat of logical and creative thinking

뇌는 기존의 신경망을 확립하거나 개선하여 의미를 만들어 내려고 한다.

새로운 것을 배울 때에도 (이미) **연결된 정보**의 네트워크를 형성하기 위해 소통함

=

우리의 뇌는 우리 자신의 경험의 이력에 의해 만들어진다.

[2021년 수능 34번 Paraphrasing]

34. Successful integration of an educational technology is marked by that technology being regarded by users as an unobtrusive facilitator of learning, instruction, or performance. When the focus shifts from the technology being used to the educational purpose that technology serves, then that technology is becoming a comfortable and trusted element, and can be regarded as being successfully integrated. Few people give a second thought to the use of a ball-point pen although the mechanisms involved vary — some use a twist mechanism and some use a push button on top, and there are other variations as well. Personal computers have reached a similar level of familiarity for a great many users, but certainly not for all. New and emerging technologies often introduce both fascination and frustration with users. As long as the user's focus is on the technology itself rather than its use in promoting learning, instruction, or performance, then one ought not to conclude that the technology has been successfully integrated — at least for that user. [3점]

* unobtrusive: 눈에 띄지 않는

① the user successfully achieves familiarity with the technology
② the user's focus is on the technology itself rather than its use
③ the user continues to employ outdated educational techniques
④ the user involuntarily gets used to the misuse of the technology
⑤ the user's preference for interaction with other users persists

사용되고 있는 기술에서 기술이 이바지하는 교육적 목적으로 초점이 옮겨갈 때 -중략-

성공적으로 통합되었다고 여겨질 수 있다.

부정어를 사용하여 표현을 달리 하였지만 결국은 같은 말

사용자의 초점이 기술의 사용이 아니라 기술 그 자체에 있는 한

우리는 -적어도 그 사용자에게 만큼은 성공적으로 통합되었다고 결론을 내려서는 안 된다.

[2021년 6월 31번 Paraphrasing]

31. Research with human runners challenged conventional wisdom and found that the ground-reaction forces at the foot and the shock transmitted up the leg and through the body after impact with the ground varied little as runners moved from extremely compliant to extremely hard running surfaces. As a result, researchers gradually began to believe that runners are subconsciously able to adjust leg stiffness prior to foot strike based on their perceptions of the hardness or stiffness of the surface on which they are running. This view suggests that runners create soft legs that soak up impact forces when they are running on very hard surfaces and stiff legs when they are moving along on yielding terrain. As a result, impact forces passing through the legs are strikingly similar over a wide range of running surface types. Contrary to popular belief, running on concrete is not more damaging to the legs than running on soft sand. [3점]

* compliant: 말랑말랑한 ** terrain: 지형

① varied little :거의 다르지 않았다
② decreased a lot
③ suddenly peaked
④ gradually appeared
⑤ were hardly generated

발에 작용하는 지면 반발력과
발이 지면에 부딪히고 난 후에
다리 위로 몸을 통해 전달되는 충격은
달리는 사람이 매우 말랑말랑한 지표면에서
매우 단단한 지표면으로 옮겨갔을때
거의 달라지지 않았다.

=

다리를 통해서 전해지는 충격력은
아주 다양한 지표면 유형에 걸쳐서
놀랄 만큼 **비슷하다.**

challenged conventional wisdom
사회적 통념에 이의를 제기했다
=contrary to popular belief
통념과는 반대로

명심해. 이게 찐이야. 답을 쓰려면 그게 왜 답인지 지문 안에 근거가 있어야 한다고! 이 당연한 걸 생각하지 않고 그냥 고민하다가 찍어서 틀리는 거야. 답을 정하기 전에 마지막으로 '내가 답을 이걸로 선택한 근거가 뭐지?' 하고 스스로에게 물어봐. Dee쌤이 빈칸추론문제를 푼 학생에게 본인이 정한 답의 근거를 물어보면, 답을 맞힌 학생은 정확하지는 않더라도 근거를 대는데 오답을 고른 학생은 우물쭈물하며 대답을 못 해. 근거 없이 느낌적인 느낌으로 답을 고르기엔 수능이라는 시험이 너무 중요하잖아? 그날의 온도와 습도, 분위기 등 모든 사항이 한 곳으로 수렴되어 그것을 정답으로 찍기에 완벽했더라도 지문 내에서 근거가 없으면 골라서는 안 돼.

전술 2. 빈칸추론의 고전적 해법, 빈칸위치

다음은 빈칸의 위치에 따라 문제를 푸는 방법이야. 굉장히 흔한 방법이지. 흔하다는 것은 그만큼 널리 쓰인다는 것이고 입증된 방법이기도 해.

어느 날 갑자기 너희들이 즐겨 쓰는 아이폰이나 아이패드가 고장이 났다고 가정해 보자. 'Face ID' 기능(얼굴인식 잠금 기능)이 작동하지 않아서 잠금 해제가 안 되는 거야. 이 경우 가장 흔한 해결책은 전문가의 손을 빌리는 것이지. 폰이 얼굴 인식을 못 한다고 해서 얼굴 성형을 하는 것은 어이없는 방법이야. '말 안 듣는 데는 역시 몽둥이가 약이지'하면서 폰을 두들겨 패거나 집어던져도 답은 없어. 가장 흔하고 일반적인 해결책을 써야 문제가 해결되는 법.

빈칸문제의 가장 '흔하고 일반적인 해결책'이 바로 빈칸의 위치에 따른 방법이야. 사실 예전에는 많은 학생들이 이 방법으로 빈칸추론문제를 해결했는데 최근에는 앞서 언급한 패프나 글의 전개 방식을 파악하여 빈칸을 추론하는 방법이 더 합리적이어서 그쪽으로 자리를 잡아가고 있어. 따라서 여기서는 단순히 빈칸의 위치에 따른 스킬을 연습하는 것뿐만 아니라 글의 전개방식도 함께 녹여서 설명해 줄게. 차분히 알려줄 테니 잘 따라와.

전술 2-1. 빈칸이 앞에 있는 경우

빈칸이 첫 문장에 오는 경우 빈칸은 글의 핵심내용을 담고 있어. 간단히 말해 두괄식이지. 언어의 특성상 영어 지문은 두괄식이 가장 많아. 영어는 중요한 것을 먼저 말하는 특징이 있거든. 반대로 우리말은 끝까지 들어봐야 하잖아. 결론이 마지막에 있는 경우도 흔하고. (Ex. '매운 음식을 좋아하는 채연이는 매운맛 최고 단계의 마라탕과 불향이 나는 매운 짬뽕만두, 떡사리가 들어간 매운 양념치킨, 그리고 매운맛 로제떡볶이를 먹고 싶었지만 참았다.' 결국 안 먹었다는 사실은 마지막에 서술어를 들어야 알 수 있어.) 한편의 글뿐만 아니라 문장 하나만 봐도 한국어와 영어의 차이점이 극명히 드러나지. 다음 예시를 보자.

[2019년 9월 36번 지문 中]

영어 - Feelings may affect various aspects of your eating, including your motivation to eat, your food choices, where and with whom you eat, and the speed at which you eat.

우리말- 감정은 당신의 식사동기, 당신의 음식선택, 당신이 어디에서 누구와 식사를 할지, 그리고 당신이 식사하는 속도를 포함하여, 당신의 식사의 다양한 측면에 영향을 미칠 수 있다.

영어는 이미 문장 서두에 하고 싶은 이야기를 다 해버리고 뒤에 추가정보를 덧붙이는 식으로 되어있지. Feelings may affect various aspects of your eating, 여기서 이미 '주어+ 동사+ 목적어' 문장 다 끝난 거야. 그런데 우리말은 주어를 처음에 말하고 서술어를 제일 마지막에 말하지. 글쓴이가 무슨 말을 하려는지 끝까지 읽어봐야 알 수가 있어.

두괄식 문장은 비교적 쉬운 편이야. 앞서 말한 빈칸 두괄식 전개를 보면 주제가 되는 빈칸의 다음 한 두 문장이나 글의 마지막 부분에 단서가 나와 있는 경우가 대부분이거든. 아래에 두괄식으로 전개되는 빈칸추론 문제의 구조를 봐. 우리가 눈여겨봐야 할 부분은 바로 정답의 근거가 되는 Red 박스야.

[머리 빈칸 전개]

처음	중 간	끝
빈칸이 주제문	바로 뒷부분에 주제 추론의 근거	부연설명/예시

↑ 정답의 단서

빈칸이 주제문	부연설명	예시/비유	주제 재진술
			↑ 정답의 단서

빈칸이 주제문	도입	비교/대조	주제 재진술
			↑ 정답의 단서

빈칸이 주제문	바로 뒷부분에 예시 1→ 예시 2	주제 재진술
		↑ 정답의 단서

빈칸이 주제문	바로 뒷부분에 예시 1→ 예시 2
	(주제 재진술 없이 예시로 지문이 끝나는 경우 제시된 예시들을 통해 공통점을 끌어내야 함)
	↑ 정답의 단서

[2022 9월 32번 – 두괄식(패프 예시와 동일)]

32. Even as mundane a behavior as watching TV may be a way for some people to ____________________. To test this idea, Sophia Moskalenko and Steven Heine gave participants false feedback about their test performance, and then seated each one in front of a TV set to watch a video as the next part of the study. When the video came on, showing nature scenes with a musical soundtrack, the experimenter exclaimed that this was the wrong video and went supposedly to get the correct one, leaving the participant alone as the video played. The participants who had received failure feedback watched the video much longer than those who thought they had succeeded. The researchers concluded that distraction through television viewing can effectively relieve the discomfort associated with painful failures or mismatches between the self and self-guides. In contrast, successful participants had little wish to be distracted from their self-related thoughts!

* mundane: 보통의

주제문 : TV를 보는 것처럼 평범한 행동일지라도 그 행동은 어떤 사람들이 ________ 방법이 될 수 있다.

=

연구자들은 텔레비전 시청을 통해 주의를 딴 데로 돌리는 것이 고통스러운 실패나 자신과 자기 안내 지침 사이의 불일치와 관련된 불편함을 효과적으로 완화할 수 있다고 결론지었다.

① ignore uncomfortable comments from their close peers
② escape painful self-awareness through distraction 주의를 딴 데로 돌리는 것을 통해 고통스러운 자각에서 벗어난다
③ receive constructive feedback from the media
④ refocus their divided attention to a given task
⑤ engage themselves in intense self-reflection

[2022 9월 34번 – 두괄식(패프 예시와 동일)]

34. Enabling animals to ______________________ is an almost universal function of learning. Most animals innately avoid objects they have not previously encountered. Unfamiliar objects may be dangerous; treating them with caution has survival value. If persisted in, however, such careful behavior could interfere with feeding and other necessary activities to the extent that the benefit of caution would be lost. A turtle that withdraws into its shell at every puff of wind or whenever a cloud casts a shadow would never win races, not even with a lazy rabbit. To overcome this problem, almost all animals habituate to safe stimuli that occur frequently. Confronted by a strange object, an inexperienced animal may freeze or attempt to hide, but if nothing unpleasant happens, sooner or later it will continue its activity. The possibility also exists that an unfamiliar object may be useful, so if it poses no immediate threat, a closer inspection may be worthwhile. [3점]

* innately: 선천적으로

① weigh the benefits of treating familiar things with care
② plan escape routes after predicting possible attacks
③ overcome repeated feeding failures for survival
④ operate in the presence of harmless stimuli 무해한 자극 앞에서 움직일
⑤ monitor the surrounding area regularly

동물이 ______________ 수 있게 하는 것은 학습의 거의 보편적인 기능이다.

← [문제 상황 제시]

=

← [문제 해결 등장] 이 문제를 극복하기 위해,

거의 모든 동물은 자주 발생하는 안전한 자극에 익숙해져 있다.

불쾌한 일이 일어나지 않으면 그것은 머잖아 활동을 계속할 것이다.

[2020년 수능 33번 –빈칸 두괄식 예시]

33. The future of our high-tech goods may lie not in the limitations of our minds, but in our ability to secure the ingredients to produce them. In previous eras, such as the Iron Age and the Bronze Age, the discovery of new elements brought forth seemingly unending numbers of new inventions. Now the combinations may truly be unending. We are now witnessing a fundamental shift in our resource demands. At no point in human history have we used *more* elements, in *more* combinations, and in increasingly refined amounts. Our ingenuity will soon outpace our material supplies. This situation comes at a defining moment when the world is struggling to reduce its reliance on fossil fuels. Fortunately, rare metals are key ingredients in green technologies such as electric cars, wind turbines, and solar panels. They help to convert free natural resources like the sun and wind into the power that fuels our lives. But without increasing today's limited supplies, we have no chance of developing the alternative green technologies we need to slow climate change. [3점]

* ingenuity: 창의력

① our ability to secure the ingredients to produce them
② our effort to make them as eco-friendly as possible
③ the wider distribution of innovative technologies
④ governmental policies not to limit resource supplies
⑤ the constant update and improvement of their functions

[첫문장 빈칸] 주제문

우리의 첨단 기술들의 미래는 우리 지성의 한계가 아니라 오히려 그것들을 생산하기 위한 재료들을 확보하는 우리의 능력에 달려있다.

우리의 창의력은 곧 우리의 자재 공급량을 앞지를 것이다.(자원의 공급이 수요를 따라가지 못함)

희귀 금속들이 핵심 재료이다.

오늘날의 제한된 공급량 (재료)을 늘리지 않는다면 우리는 기후변화를 늦추기 위해서 우리가 필요로 하는 환경대체 기술들을 개발할 가망이 없다.

전술 2-2. 빈칸이 중간에 있는 경우

앞에서 첫 문장에 빈칸이 있으면 그게 주제문이라고 했지? 그런데 빈칸이 중간에 있는 경우는 빈칸이 주제문일 수도 있고 아닐 수도 있어. 왜냐하면 주제문이 중간에 있는 글을 중괄식이라고 하는데 영어 지문은 사실 중괄식이 흔하지 않거든. 앞에서 말한 것 기억나지? 영어는 중요한 것을 먼저 말한다고. 서론에서 뜸을 한 참 들이다가 중간부터 주장을 펼치는 경우는 많지 않아. 적어도 영어지문에서는.

따라서 빈칸이 중간에 있는 경우는 필자의 의도인 주제문을 먼저 찾아보고 그것을 바탕으로 해서 추론해 나가야 해. 물론 빈칸이 주제문인 경우는 빈칸의 뒷부분에 정답의 큰 힌트를 주는 경우가 대부분이니 걱정 말라고. 이 경우는 보통 빈칸에 핵심내용을 넣고 다음 문장부터 부연설명이나 예시를 넣어주는 경우가 많다는 점 기억하면 엄청나게 도움이 되겠지!

[몸통 빈칸 전개]

처 음	중 간		끝
도입	부연설명	빈칸이 주제	근거 / 예시
			↑ 정답의 단서

도입	빈칸이 주제	근거 / 예시	부연설명
		↑ 정답의 단서	

문제제기	빈칸이 주제 / 빈칸이 해결책	근거 / 부연설명
		↑ 정답의 단서

도입	빈칸이 연구결론	연구내용 1	연구내용2
		↑ 정답의 단서	

주제	빈칸이 부연설명	근거 / 예시	부연설명
↑ 정답의 단서		↑ 정답의 단서	

통념	부연설명	빈칸 반론	논증	결론
↑ 정답의 단서				정답의 단서 ↑

평가 요소

- 이 유형은 글의 핵심적인 내용(주제문이나 주요 세부 내용)과 글의 논리적 흐름을 고려하여 문맥상 빈칸에 들어갈 가장 적절한 표현을 추론하는 능력을 측정하는 문항이다.

나. 읽기

읽기에서 글의 논리적 관계를 파악하는 능력을 기르기 위해서는 글의 전개 방식과 논리적인 흐름을 이해하고, 글에 직접적으로 명시되지 않은 사항도 논리적으로 추론하는 노력이 필요합니다. 빈칸의 내용을 추론해야 하는 문항의 경우 빈칸에 들어갈 내용은 주로 글의 주제나 요지와 관계가 있거나 주요 세부사항과 관련이 있습니다. 따라서 다양한 소재의 글을 읽으며 글의 핵심 내용을 파악하고, 핵심 내용의 전후 관계 및 인과 관계를 파악하는 연습이 효과적입니다. 친구들과 함께 글을 읽으면서 각자 빈칸을 만들어 본 후, 들어갈 적절한 내용이 무엇인지 서로 유추하고 토론하는 것도 좋은 학습 방법이 될 수 있습니다.

이런 경우가 바로 빈칸이 주제문이 아닌, 주제문을 바탕으로 '주요' 세부사항을 추론해야 하는 경우야. 빈칸이 아닌 다른 곳에 주제문이 따로 있으니 그것을 잘 찾는 것이 관건이겠지? 주제를 잘 찾아야 그것을 바탕으로 주요한 세부사항을 추론할 수 있을 테니 말이야.

자, 그럼 어떻게 주제문을 찾느냐. 가장 많은 유형은 첫 문장에 주제가 드러나는 우야. 글의 서두에 주제를 던져준 뒤, 중간에 빈칸을 뚫어 놓고 세부사항을 추론하게 하는 것이지. 따라서 글의 첫 문장을 예의주시 해야 해. 또 다른 방법은 주제를 나타내는 명시적인 단서를 통해서 찾아내는 거야.(주장·요지 Part 명시적단서 참고) 19번 심경변화, 25번 도표, 26번 내용 불일치, 27번~28번 안내문, 29번 어법문제를 제외하고 독해 part의 모든 지문은 읽으면서 연결사에 네모라미(네모 or 동그라미) 표시하면서 읽는 습관을 반드시 들여야 해. 이 습관이 너희 등급 상승의 일등공신이 될 거야. 명심해. 수능문제는 눈으로 푸는 게 아니라 손으로, 샤프로 푸는 거야. 샤프로 연결사 네모라미치기!

결론이야. 빈칸이 아닌 곳에서 글의 주제문(너희들 생각에 주제문처럼 보이는 문장)이 나타날 때는 그 내용을 바탕으로 추론해서 선지에서 가장 알맞은 것을 고르는 거야. 물론 이 경우 주제문을 잘 찾아내는 것이 관건이라서 글의 주제를 못 찾고 헤매는 학생들은 사실 답을 찾기 힘들지. 좀 어렵지? 아래 예시를 보면 이해가 더 쉬울 거야. 확인해 보자.

[2022년 6월 32번- 중간 빈칸]

32. Some of the most insightful work on information seeking emphasizes "strategic self-ignorance," understood as "the use of ignorance as an excuse to engage excessively in pleasurable activities that may be harmful to one's future self." The idea here is that if people are present-biased, they might avoid information that would make current activities less attractive — perhaps because it would produce guilt or shame, perhaps because it would suggest an aggregate trade-off that would counsel against engaging in such activities. St. Augustine famously said, "God give me chastity — tomorrow." Present-biased agents think: "Please let me know the risks — tomorrow." Whenever people are thinking about engaging in an activity with short-term benefits but long-term costs, they might prefer to delay receipt of important information. The same point might hold about information that could make people sad or mad: "Please tell me what I need to know — tomorrow."

* aggregate: 합계의 ** chastity: 정결

① highlight the value of preferred activities
② make current activities less attractive
③ cut their attachment to past activities
④ enable them to enjoy more activities
⑤ potentially become known to others

[첫 문장] 주제문
"전략적 자기 무지"는 "자신의 미래 자아에 해로울 수도 있는 즐거운 활동을 과도하게 하기 위한 핑계로 무지를 사용하는 것"

[빈칸문장] 부연설명
만약 사람들이 현재에 편향되어있다면 그들은 현재의 활동을 덜 매력적으로 보이게 하는 정보를 (모른 척, 즉 의도적으로) 피할 수도 있다."

[중간부터 끝까지] 예시
현재에 편향된 행위자들은 (현재의) 중요한 정보의 수신을 미루는 것을 선호할 수도 있다.

요약: 무지를 핑계로 미래의 자신에게 해로울 수도 있는 즐거운 활동을 과도하게 함 → 현재 활동에 중점을 둠 → 자신에게 해로울 수도 있는 정보를 의도적으로 무시

이글은 첫 문장이 주제문이야. '전략적 자기 무지'라는 용어의 뜻을 풀어주고 빈칸이 들어있는 다음 문장에서 부연설명을 하고 있어. 2021년 수능에서도 이 유형이 등장했어. 아래 예시를 봐.

[2021년 수능 32번 – 중간 빈칸]

32. Choosing similar friends can have a rationale. Assessing the survivability of an environment can be risky (if an environment turns out to be deadly, for instance, it might be too late by the time you found out), so humans have evolved the desire to associate with similar individuals as a way to perform this function efficiently. This is especially useful to a species that lives in so many different sorts of environments. However, the carrying capacity of a given environment place a limit on this strategy. If resources are very limited, the individuals who live in a particular place cannot all do the exact same thing (for example, if there are few trees, people cannot all live in tree houses, or if mangoes are in short supply, people cannot all live solely on a diet of mangoes). A rational strategy would therefore sometimes be to *avoid* similar members of one's species.

① exceeds the expected demands of a community
② is decreased by diverse means of survival
③ places a limit on this strategy
④ makes the world suitable for individuals
⑤ prevents social ties to dissimilar members

비슷한 친구를 선택하는 것은 논리적 근거를 가질 수 있다.

반대

그러나 주어진 환경의 수용 능력은 이 전략을 제한한다.

그러므로 합리적인 전략은 때로는 자신의 종의 비슷한 구성원들을 '피하는' 것이 될 것이다

이 문제는 마지막 문장이 주제문인데 지문의 첫 부분과 내용상 대조를 이루고 있어. 중간에 있는 빈칸이 흐름을 반전시키는 역할을 하고 있네. 주제문은 따로 있지만 그것을 통해 빈칸을 추론해야 하는 경우지. 2020년 수능에도 이 유형이 등장했어. 매년 나오네. 한번 보자.

[2020년 수능 34번 – 중간 빈칸]

34. There have been many attempts to define what music is in terms of the specific attributes of musical sounds. The famous nineteenth-century critic Eduard Hanslick regarded 'the measurable tone' as 'the primary and essential condition of all music'. Musical sounds, he was saying, can be distinguished from those of nature by the fact that they ① involve the use of fixed pitches, whereas virtually all natural sounds consist of constantly fluctuating frequencies. And a number of ② twentieth-century writers have assumed, like Hanslick, that fixed pitches are among the defining features of music. Now it is true that in most of the world's musical cultures, pitches are not only fixed, but organized into a series of discrete steps. However, this is a generalization about music and not a definition of it, for it is easy to put forward counter-examples. Japanese *shakuhachi* music and the *sanjo* music of Korea, for instance, fluctuate constantly around the notional pitches in terms of which the music is organized. [3점]

① not so much artificially fixed as naturally fluctuating
② not only fixed, but organized into a series of discrete steps
③ hardly considered a primary compositional element of music
④ highly diverse and complicated, and thus are immeasurable
⑤ a vehicle for carrying unique and various cultural features

[첫문장] 주제문

악음의 특정한 속성이라는 측면에서 음악이 무엇인지를 정의하려는 많은 시도들이 있었다.

①악음은 고정된 음높이의 사용을 수반한다.

②고정된 음높이가 음악을 규정하는 특성들 중에 포함되어 있다.

↓

음높이가 고정되어 있을 뿐만 아니라 연속된 별개의 정들로 구성되어있다.

그러나

이것은 음악에 대한 일반화이지
그것에 대한 정의가 아니다. 왜냐하면
반례를 제기하는 것이 쉽기 때문이다

예를 들어 일본의 shakuhachi음악과
한국의 sanjo는 **끊임없이 변동**하기 때문이다.

첫 문장에 주제문이 따로 있고, 중간에 빈칸 (빨간 글씨)를 중심으로 위쪽에 한 가지 의견(노란색), 아래쪽에 한 가지 의견(파란색)이 있어. 이 경우 빈칸은 두 가지 방법으로 추론 가능해.

첫 번째, 이 글이 However를 중심으로 의견이 대립되므로 빈칸은 위쪽 노란색 의견들을 종합한 것이라고 볼 수가 있지. 따라서 위 지문분석의 ① + ②의 내용을 종합하면 돼.

두 번째, However 이후의 내용을 바탕으로 그 반대 의견을 찾는 거야. 그게 빈칸의 내용이 되는 거지.

전술 2-3. 빈칸이 뒤에 있는 경우

빈칸이 뒤에 있는 경우는 미괄식이야. 미괄식으로 전개되는 빈칸추론 문제의 구조를 봐. 여기서도 역시 우리가 눈 여겨봐야 할 부분은 바로 정답의 근거가 되는 Red 박스야. 미괄식 전개의 경우 정답의 단서가 글 전체에 골고루 퍼져있는 모습을 볼 수 있을 거야. 하지만 주로 글의 하단 부 빈칸의 바로 앞과 뒤문장이 중요하기 때문에 꼼꼼하게 그 부분을 확인해야 해. 빈칸이 문장 맨 마지막 문장인 경우는 뒷부분을 볼 수 없으니 빈칸 바로 앞 문장과 지문의 처음 부분을 집중하면 돼.

[꼬리 빈칸 전개]

처음	중 간		끝	
주제	부연설명	예시/비유	빈칸 주제 재진술	빈칸이 마지막 문장

↑ 정답의 단서

주제	도입	비교/대조	빈칸 주제 재진술	빈칸이 마지막 문장

↑ 정답의 단서

도입(통념)	부연설명	반론	빈칸이 주제	부연설명

정답의 단서↑

주장	근거	부연설명	빈칸이 결론	빈칸이 마지막 문장 or 부연설명

↑ 정답의 단서 ↑

도입	사례	사례분석	빈칸이 주제	부연설명
		↑ 정답의 단서		정답의 단서↑

도입	원인1	원인2	빈칸이 결과	빈칸이 마지막 문장 or 부연설명
	↑ 정답의 단서↑			↑

도입	연구주제	연구내용/결과	빈칸이 결론	빈칸이 마지막 문장 or 부연설명
		↑ 정답의 단서		↑

예시	부연설명1	부연설명2	빈칸이 주제	빈칸이 마지막 문장
	↑ 정답의 단서↑			

[2022년 6월 33번 미괄식– 앞뒤 문장 살피기]

33. Concepts of nature are always cultural statements. This may not strike Europeans as much of an insight, for Europe's landscape is so much of a blend. But in the new worlds — 'new' at least to Europeans — the distinction appeared much clearer not only to European settlers and visitors but also to their descendants. For that reason, they had the fond conceit of primeval nature uncontrolled by human associations which could later find expression in an admiration for wilderness. Ecological relationships certainly have their own logic and in this sense 'nature' can be seen to have a self-regulating but not necessarily stable dynamic independent of human intervention. But the context for ecological interactions has increasingly been set by humanity . We may not determine how or what a lion eats but we certainly can regulate where the lion feeds. [3점]

* conceit: 생각 ** primeval: 원시(시대)의
*** ecological: 생태학의

① has supported new environment-friendly policies
② has increasingly been set by humanity
③ inspires creative cultural practices
④ changes too frequently to be regulated
⑤ has been affected by various natural conditions

생태학적 관계는 확실히 그 나름의 논리를 가지고 있었고, 이런 의미에서
'자연'은 인간의 개입과 무관하게,
자율적이지만 반드시 안정적이지는 않은 역동성을 가지고 있다고 볼 수 있다.

그러나 생태학적 상호작용의 맥락은 점점 더 인류에 의해 설정되어 왔다.

우리는 사자가 어떻게 또는 무엇을 먹는지는 정하지 못할 수도 있지만, (인간의 개입무관)
사자가 어디에서 먹이를 먹을지는 확실히 규제할 수 있다. (인간의 개입)

전술 3. 거품 빼고 쉬운 말로 이해하기

빈칸문제가 어려운 이유 중 하나가 내용 자체의 난이도 때문인 경우도 많아. 그냥 전체적으로 어려운 얘기를 하니까 뭔 소리인지 모르겠는 거지. 사실 이렇게 내용 자체가 난해한 경우는 글 전체를 다 이해할 필요가 없어. 앞서 말한 [전술 1. Paraphrasing된 부분 찾기]와 같이 일부만 보고도 답을 맞힐 수 있으니까. 글 전체의 내용이 이해되지 않아도 정답의 단서가 나올 때까지 일단 쭉 읽어 내려가 봐. 다 이해하지 못해도 괜찮아. 한글 해석을 봐도 내용 이해가 단번에 되지 않는 경우도 있을 정도니까.

자, 이런 경우는 너희들만의 언어로 문장을 최대한 쉽게 표현하는 연습을 해줘. 매끄럽게 해석이 안 되더라도 세부정보 다 빼고 중요한 뼈대만 이해하고 다음 문장으로 넘어가는 거지. 고급스러운 말이 아니어도 좋아. 너희만의 그 날것의 언어로 "~는 ~이다"는 식으로 이해하려고 노력해야 해. 굉장히 추상적인 이야기 같겠지만 이게 어려운 문제 쉽게 푸는 비법이야. 아래 순서배열이나 문장삽입 문제 유형에도 이렇게 동일하게 연습을 해야 해.

또한, 빈칸 부분에 이중부정이 나오거든 'A가 아닌 게 아니다'로 해석하지 말고 'A가 맞다'로 쉽게 풀어서 기억하고 입으로 중얼거리거나 옆에 써놔.(전술 5 참고) 참, 노골적으로 지문에 있는 표현은 선지에서 제거할 것!

전술 4. 오답 필터링

오답을 잘 거르는 것만으로도 정답에 가까워질 수 있어. 그러니 정답을 고를 수 없는 경우에는 오답을 걸러 보자고. 다음의 경우엔 선지를 보고 '믿거'(믿고 거르기)하자.

① 비 언급: 지문에 언급이 안 된 사실이 포함됨.

언급되지도 않은 사실이 쓰였는데도 지문에 비슷한 어휘가 사용되었다는 이유로 학생들이 아무 생각 없이 이거 찍는 경우 너무 많음.

② 반대내용: 정답 선지와 완전 반대되는 내용을 담고 있음.

선지 다섯 개 중에서 서로 상반되는 두 가지 내용이 존재한다면 둘 중 하나가 답이 될 가능성이 있다는 얘기지. 사실 정확한 답을 찾는 것보다 완전 반대인 것 걸러내는 것이 훨씬 쉬우니까 이건 확실히 믿거(믿고 거리기) 하자고.

③ 무관한 내용: 지문의 일부 내용을 언급은 했으나 핵심내용과 무관함.

지문에 사용된 단어를 그대로 사용해서 맥락 없이 늘어놓은 경우.

④ 잘못된 범위설정: 범위가 너무 넓거나 좁음.

지문과 얼추 비슷한 내용이긴 한데 범위가 너무 넓은 이야기를 하거나, 너무 구체적 사실을 언급함.

전술 5. 부정어 주의하기- 아닌 게 아닌 건 맞는 거야.

의사소통에 있어서 부정어는 효율적인 의사 전달의 방해꾼이지. 그런데 수능에서는 어찌나 부정어를 좋아하는지 빈칸이 들어간 문장에 부정어구를 만들어서 우리를 꼭 두 번 생각하게 만든단 말이야. 부정어가 들어가면 해석도 두 배로 헷갈리니 안 그래도 어려운 빈칸추론문제, 더 좌절스럽게 느껴지지. 그래도 여기까지 잘 따라왔으니 이것도 정복해 보자. 부정어구는 빈칸에 있을 수도 있고(정답 선지가 부정어를 포함) 빈칸이 들어간 문장에 있을 수도 있어.(빈칸 외의 부분에 부정어가 포함되어 있음) 어떤 경우든 빈칸이 들어간 문장 자체가 주제문과 반대되는 내용이어야 해. 이 경우 다섯 개의 선지 중, 두세 개는 서로 상반되는 내용을 담고 있을 수 있어. 부정어구를 미처 제대로 해석하지 못한 학생들이 출제자의 낚시줄에 착실히 낚이도록 선지에 상반되는 내용을 넣는 거야. 최근 들어 빈칸문제에 부정어구가 들어간 문장이 꽤 있었어. 부정어구 삽입은 난이도 조절에 아주 좋은 도구거든. 문장에 부정을 넣어서 글쓴이의 주장과 반대되는 내용을 찾아야 하니 생각하는 과정을 한 번 더 겪어야 하지.

자 그럼 부정어구가 무엇이 있는지, 어떤 표현이 나오면 우리가 해석에 주의해야 하는지를 알아볼게. 단순히 부정어구만 암기하지 말고 부정어가 포함되어 있지 않아도 부정으로 해석되는 어구들도 있으니 반드시 함께 익혀두길 바라.

부정어구
not, no, never rarely, hardly, seldom, scarcely, barely, little, few (거의 ~아닌) not only A but also B (A뿐만 아니라 B도) not until, neither, nor

부정어가 포함되어 있지 않아도 부정으로 해석되는 어구
anything but =never (※주의 nothing but=only) far from ing 결코 ~이 아닌 free from~이 없는 above / beyond ~을 넘어 the last N to ~할 마지막 N→결코~하지 않을 N too to 너무~해서 ~할 수 없다 but for=without/ but ~을 제외하고 have(be) yet to 아직~해야 한다 → 아직 못하다

부정의미를 가진 동사 / 명사
abandon, avoid, deny, doubt, defy(거부하다), refuse,evade(회피하다), miss, fail, keep from ~ing(~못하게 막다),

[2021 수능 34번 –부정어로 헷갈리게 하기]

34. Successful integration of an educational technology is marked by that technology being regarded by users as an unobtrusive facilitator of learning, instruction, or performance. When the focus shifts from the technology being used to the educational purpose that technology serves, then that technology is becoming a comfortable and trusted element, and can be regarded as being successfully integrated. Few people give a second thought to the use of a ball-point pen although the mechanisms involved vary — some use a twist mechanism and some use a push button on top, and there are other variations as well. Personal computers have reached a similar level of familiarity for a great many users, but certainly not for all. New and emerging technologies often introduce both fascination and frustration with users. As long as the user's focus is on the technology itself rather than its use in promoting learning, instruction, or performance, then one ought not to conclude that the technology has been successfully integrated — at least for that user. [3점]

* unobtrusive: 눈에 띄지 않는

① the user successfully achieves familiarity with the technology
② the user's focus is on the technology itself rather than its use
③ the user continues to employ outdated educational techniques
④ the user involuntarily gets used to the misuse of the technology
⑤ the user's preference for interaction with other users persists

사용되고 있는 기술에서 기술이 이바지하는 교육적 목적으로 초점이 옮겨갈 때 -중략-

성공적으로 통합되었다고 여겨질 수 있다.

||

사용자의 초점이 기술의 사용이 아니라 기술 그 자체에 있는 한

우리는 -적어도 그 사용자에게 만큼은 성공적으로 통합되었다고 결론을 내려서는 안 된다.

[2020 수능 31번 –부정어로 헷갈리게 하기]

31. The role of science can sometimes be overstated, with its advocates slipping into scientism. Scientism is the view that the scientific description of reality is the only truth there is. With the advance of science, there has been a tendency to slip into scientism, and assume that any factual claim can be authenticated if and only if the term 'scientific' can correctly be ascribed to it. The consequence is that non-scientific approaches to reality — and that can include all the arts, religion, and personal, emotional and value-laden ways of encountering the world — may become labelled as merely subjective, and therefore of little __________ in terms of describing the way the world is. The philosophy of science seeks to avoid crude scientism and get a balanced view on what the scientific method can and cannot achieve.

* ascribe: 속하는 것으로 생각하다 ** crude: 투박한

① question ② account :중요성 ③ controversy
④ variation ⑤ bias

과학만능주의는 현실에 대한 과학적 기술만이 존재하는 유일한 진실이라는 견해이다.

||

현실에 대한 비과학적 접근 방식은
-생략-
주관적인 것에 불과하고
그러므로 거의 중요하지 않은 것으로 분류될지도 모른다. (little-거의 하지 않는)

[2021 6월 31번 –부정어로 헷갈리게 하기]

31. Research with human runners challenged conventional wisdom and found that the ground-reaction forces at the foot and the shock transmitted up the leg and through the body after impact with the ground _ varied little _ as runners moved from extremely compliant to extremely hard running surfaces. As a result, researchers gradually began to believe that runners are subconsciously able to adjust leg stiffness prior to foot strike based on their perceptions of the hardness or stiffness of the surface on which they are running. This view suggests that runners create soft legs that soak up impact forces when they are running on very hard surfaces and stiff legs when they are moving along on yielding terrain. As a result, impact forces passing through the legs are strikingly similar over a wide range of running surface types. Contrary to popular belief, running on concrete is not more damaging to the legs than running on soft sand. [3점]

* compliant: 말랑말랑한 ** terrain: 지형

① varied little :거의 다르지 않았다 little 부정어 주의!
② decreased a lot
③ suddenly peaked
④ gradually appeared
⑤ were hardly generated

발에 작용하는 지면 반발력과
발이 지면에 부딪히고 난 후에
다리 위로 몸을 통해 전달되는 충격은
달리는 사람이 매우 말랑말랑한 지표면에서
매우 단단한 지표면으로 옮겨갔을때
거의 달라지지 않았다.

=

다리를 통해서 전해지는 충격력은
아주 다양한 지표면 유형에 걸쳐서
놀랄 만큼 **비슷하다.**

challenged conventional wisdom
사회적 통념에 이의를 제기했다
=contrary to popular belief
통념과는 반대로

어때? 빈칸추론문제는 탄탄한 해석은 물론 사고력까지 갖춰야하기 때

문에 사실 이것을 공식화해서 풀기는 쉽지가 않아. 하지만 Dee쌤이 너희들이 적용할 수 있는 최선의 전술들을 이렇게 정리 해주었으니 반드시 반복해서 읽고 또 읽어서 숙지한 뒤, 같은 빈칸추론문제만 감이 올 때까지 파고 들어봐. 한 놈만 파는 거야. 한 놈만. 지겨울 때까지 파고들어야 해. 빈칸추론이 어려워서 풀기 싫은 거지 지겹지는 않다면 넌 아직 공부를 덜 한 거야. 지겨워야 해. 다시는 보기 싫을 만큼 지겨워야 수능날 홀가분하게 때려치울 수 있어.

Dee쌤의 Ctrl

수능 단축키 11강 초간단 요약

매 강의의 수능 단축키는 반드시 위에 설명 듣고 보세요.
요약만 보아서는 이해되지 않습니다.

1. Finding Paraphrased Part (패러프레이징 된 부분 찾기)

전술 1-1 빈칸이 들어간 문장 먼저 읽어라.

전술 1-2 패프된 부분을 찾아야 해.

2. 빈칸의 위치

전술 2-1. 빈칸이 앞에 있는 경우 : 두괄식 [머리 빈칸 전개 표] 숙지.

전술 2-2. 빈칸이 중간에 있는 경우(1) : 중괄식 [몸통 빈칸 전개 표] 숙지.

전술 2-3. 빈칸이 뒤에 있는 경우 : 미괄식 [꼬리 빈칸 전개 표] 숙지.

3. 거품 빼고 쉬운 말로 이해하기

4. 오답 필터링하기- 오답의 원리를 역이용해서 정답을 남기자.

5. 부정어구 주의 - 아닌 게 아닌 건 맞는 거야.

"오늘따라 유난히 통일성 있어 보이는 너. 잘 써진 논문처럼 너는 너무 완벽해. 일관된 네 모습 안에서 무관함을 찾는 잔인함이란. 에라. 모르겠다. 너로 결정했다. ④번."

-5등급 학생의 절규-

그동안 느낌적인 느낌으로 "어? 대충 여기가 이상한 소리하는 것 같은데?" 하며 찍었던 친구들. 왜 그런지 알 수는 없지만, 그냥 그 부분이 이상하게 느껴진 친구들 잘 들어. 제발 '그 느낌적인 느낌'은 집어치워. 확실한 근거를 가지고 정확하게 골라내는 방법을 이 Dee쌤이 가르쳐 줄 테니까. 이제 너희들에게 무관한 문장 유형은 최고 쉬운 개꿀유형이 될 거야. 그냥 무조건 맞히는 거지. 오히려 앞쪽 대의파악 유형인 주제, 제목 문제보다 더 쉬울 거야. 준비됐지?

전술 1. 오답 거르기 Tactic for 3등급↓

선지 ①번과 ⑤번은 되도록 피할 것. 수능 및 평가원 기출 문제를 보면 ①번과 ⑤번이 정답으로 쓰인 적이 없었어. 아주 드물게 문제집에서 답으로 쓰이기도 하는데, 수능에서는 그렇지 않아. 왜 그럴까? 그 논리적인 근거는 다음과 같지.

흐름과 무관한 문장을 찾는 문제는 선지 ①번이 시작되기 전까지가 보통 글 전체의 주제나 중심 소재를 담고 있어. 한두 문장 정도지. 그 주제 하나를 가지고 통일성, 응집성, 일관성을 바탕으로 글 전체를 끌고 나가는 거야. 하드캐리하는 거지. 보통 ①번까지는 주제와 중심소재가 같은 맥락으로 이어나가면서 글의 내용을 파악하게 해줘. 그래야 무관한 문장을 찾을 수 있으니까. ①번부터 흐름과 관계없는 내용을 심어놓으면 학생들이 맥락을 파악하는 데 무리가 있거든. 또한 선지 ⑤번은 주로 마지막 문장이기 때문에 ⑤번에서 흐름에 어긋나는 말을 해도 뒤 내용을 확인할 방법이 없어. ⑤번이 무관한 문장이려면 ⑤번을 빼고 앞뒤 문장이 흐름이 자연스러운지 확인을 해야 하는데 ⑤번 뒤에는 연결해 볼 문장이 없잖아. 그래서 ⑤번은 답으로 안 만드는 거야. 따라서, 결론! 선지 ①번, ⑤번은 제쳐. 무관한 문장 찾는 문제는 3지선다야.

어! 잠깐! 1등급, 2등급 친구들은 잠시 멈춰 봐. 앞서 어휘 part에서 나온 '도박사의 오류'와 '뜨거운 손의 오류' 기억나지? 수능영어에는 '앞서 일어난 일이 계속 일어날 것'을 가리키는 '뜨거운 손 오류'에 빠질 수 있는 유형이 몇 개가 있는데 그중 하나가 바로 이 '무관한 문장 찾기' 유형이야. "지금까지 계속 ①번과 ⑤번은 답이 아니었으니 이번에도 절대로 답이 아닐 거야"라는 식의 단정을 짓지 말아야 한다는 말이야. 하지만 이번에도 역시 답에 대한 확신 있으면 확률을 믿지 말고 자신을 믿어보자! 무려 1등급, 너니까!

전술 2. 첫 문장, 내가 기준!

> 즉, 글을 통해 전달하고자 하는 내용은 무엇인지, 글의 전체적인 흐름과 논리적인 연결이 어떻게 구성되어 있는지, 이러한 흐름과 연결은 자연스러운지 등을 판단해 보는 연습이 필요합니다. 이를 위해 글의 중심 내용을 파악한 후에, 이어지는 문장들에서 논리적 흐름에 따른 문장 간의 연계성을 유추해 보는 것이 도움이 될 수 있습니다. 또한 명시적 단서인 연결사, 지시어, 대명사 등의 연결 고리뿐 아니라 내용상의 연결 방식을 파악해 보는 연습도 효과적입니다.
>
> -중 략-
>
> 글을 읽고 글의 전체 흐름과 무관한 문장을 찾는 문항입니다. 글의 흐름과 무관한 문장을 찾기 위해서는 전체 글의 중심 내용을 정확하게 파악하는 것이 중요합니다. 흐름에 무관한 문장은 전체 글의 중심 내용과 상관없이 추가로 포함된 문장이기 때문입니다. 그러므로 흐름과 무관한 문장인지를 판단할 때에는 한 두 개의 어휘보다는 글 전체의 내용적, 논리적 흐름에 근거하는 것이 필요합니다.
>
> -한국교육과정평가원 '수능영어 절대평가 학습안내' 中-

①번이 시작되기 전까지가 보통 글의 주제 및 중심소재를 담고 있다는 것, 그리고 그것으로 글 전체를 끌고 나간다는 건 앞에서 얘기 했지. 그게 이 유형의 핵심이야. 위 평가원의 절대평가 학습안내를 보자. '전체 글의 중심 내용을 정확하게 파악하는 것이 중요'하다고 하지. 바로 이 중심 내용이 첫 부분에 나와 있다는 말이야. 첫 단추가 중요해. 따라서 ①번이 시작되기 전에서 주제를 확실히 잡고 간다! (물론 아주 가끔 ①번 전에 주제가 드러나지 않는 경우도 있지만 예외는 예외일 뿐) 그럼 우리가 해야 할 일은 무엇이냐?

하나, ①번이 나오기 전 문장에서 키워드를 잡아서 네모라미치는 거야.

둘, 방금 잡은 중심소재 상기하면서 ①번부터 같은 맥락인지 확인하며 읽기. 중간에 "난 누구? 여긴 어디?" 할 수가 있으니 헷갈릴 때는 반드시 처음 표시해 놓은 네모라미로 가서 확인하는 연습을 할 것!

전술 3. 명단(명시적 단서)이 명단했다.

위 평가원의 절대평가학습안내의 하이라이트 된 부분을 다시 보자. '명시적 단서인 연결사, 지시어, 대명사, 부사 등의 연결 고리'를 파악해야 한다고 되어 있지? 우리는 첫 부분에서 글의 방향을 잡고 중심소재를 잡았어. 그걸 네모라미를 쳐 놓았지. 그다음이 바로 이 명시적 단서를 사용하는 거야. 여기서 명시적이란 말은 '내용이나 뜻을 분명하게 드러내 보이는 것'을 말해. 쉽게 말해 앞 문장과 뒤 문장을 연결시켜 주는 고리를 분명하게 대놓고 가르쳐주는 부분이라는 거야. 누가? 연결사, 지시어, 대명사가!

그러니까 ②번, ③번, ④번을 읽어 내려가면서 명시적 단서들에 집중하여 의미를 파악해야 해. 특히 지시어, 대명사가 들어간 경우는 그게 가리키는 바가 앞 문장에서 무엇인지 확인하는 습관을 들여야 한다고. 대명사 같은 경우는 단·복수로 찾는 게 제일 쉽지. 예를 들면 ②번, ③번, ④번 중 하나가 They로 시작하면 그 앞 문장에 복수명사가 있는지 꼭 확인하는 거야.

명심해. 문장에 대명사, 지시사 등의 단서가 있으면 그것이 가리키는 것이 무엇인지 꼭 표시해 놓으라고. 못 찾겠으면 그 선지가 답(무관한 문장)일 확률이 높아지니까. 자, 그럼 이 유형에 쓰이는 명시적 단서를 암기하기만 하면 되겠지?

such, the, it, its, their, they, them, this, these, that, those, re, there, then, also

(단, the가 있다고 해서 무조건 명시적 단서는 아니야. 명사가 뒤에서 전치사구나 관계절 등 수식어구에 의해 꾸밈을 받을 경우, 명사 앞에 the를 써야 하기 때문에 처음 등장하는 명사라도 앞에 the를 사용할 수 있으니 주의해야 해.

ex. The tall guy talking to my mother over there is my brother.

이외에도 the의 쓰임은 굉장히 많은데 명시적 단서로서의 the는 그 수많은 the의 용법 중 하나라는 점을 참고해줘. 또한 지시대명사 those는 앞에 나온 복수명사를 받는 역할 이외에도 '사람들'이라는 뜻으로 사용될 수 있어. 이 경우 지문의 첫 부분에 나올 수 있고 명시적 단서로 쓰인 것이 아니라는 점 주의해.)

전술 4. 같은 소재로 뻘소리- 짬뽕 재료로 만든 마라탕 찾기

무관한 문장조차도 중심 소재(글감)는 같을 수 있어. 같은 소재로 다른 얘기를 하는 거지. 그러니 해석을 잘 못하는 학생들은 앞 문장에서 본 단어가 그대로 사용이 되면 '같은 맥락이 연결되는구나.' 하고 그걸 답으로 써서 틀리는 거야. 다시 말해, 어떤 문장이 전체 흐름과 무관한 문장이라 할지라도 앞 문장들과 같은 단어가 사용되는 경우가 대부분이므로, 비슷하거나 같은 단어의 사용을 같은 흐름이라고 착각해선 안 돼! 같은 단어로 딴소리 한다고!

"그럼 이렇게 같은 소재를 사용해서 다른 내용을 이야기하는 걸 어떻게 찾죠? 그 말이 그 말이라 제 눈엔 앞 문장과 너무 자연스럽게 연결되는데요."

주제를 생각하면 돼! 흐름과 무관한 정답 문장은 바로 앞 문장과의 연결도 물론 어색하지만 글의 서두에 제시해놓은 주제와도 관련이 없거든. 따라서 앞 문장과의 연결이 어색함을 딱히 못 느끼겠다면 글의 주제를 생각해 봐. 각 선지를 읽을 때 ①번 선지 전까지의 내용(글의 주제에 해당하는 부분)과 비교하여 글의 주제에 포함되는지를 생각해 보면 된다고!

[2021 수능 35번- 전술3번 같은 소재가 사용된 뻴소리]

35. 다음 글에서 전체 흐름과 관계 없는 문장은?

Workers are united by laughing at shared events, even ones that may initially spark anger or conflict. Humor reframes potentially divisive events into merely "laughable" ones which are put in perspective as subservient to unifying values held by organization members. Repeatedly recounting humorous incidents reinforces unity based on key organizational values. ① One team told repeated stories about a dumpster fire, something that does not seem funny on its face, but the reactions of workers motivated to preserve safety sparked laughter as the stories were shared multiple times by multiple parties in the workplace. ② Shared events that cause laughter can indicate a sense of belonging since "you had to be there" to see the humor in them, and non-members were not and do not. ③ Since humor can easily capture people's attention, commercials (상업광고) tend to (응?) contain humorous elements, such as funny faces and gestures. ④ Instances of humor serve to enact bonds among organization members. ⑤ Understanding the humor may even be required as an informal badge of membership in the organization.

* subservient: 도움이 되는

첫문장 - 직원들은 공유된 사건들에 대해 웃음으로써 통합된다.

웃음(유머)와 집단(팀, 조직)에 관한 글

선지 ②,③,④번 중에서 답을 고른다.

③번에도 '유머'가 소재로 사용되었으나 뜬금포 '상업광고' 등판. 정답은 ③번

[2020년 수능 35번]

35. 다음 글에서 전체 흐름과 관계 없는 문장은?

Although commonsense knowledge may have merit, it also has weaknesses, not the least of which is that it often contradicts itself. For example, we hear that people who are similar will like one another ("Birds of a feather flock together") but also that persons who are dissimilar will like each other ("Opposites attract"). ① We are told that groups are wiser and smarter than individuals ("Two heads are better than one") but also that group work inevitably produces poor results ("Too many cooks spoil the broth"). ② Each of these contradictory statements may hold true under particular conditions, but without a clear statement of when they apply and when they do not, aphorisms provide little insight into relations among people. ③ That is why we heavily depend on aphorisms whenever we face difficulties and challenges in the long journey of our lives. ④ They provide even less guidance in situations where we must make decisions. ⑤ For example, when facing a choice that entails risk, which guideline should we use — "Nothing ventured, nothing gained" or "Better safe than sorry"?

* aphorism: 격언, 경구(警句) ** entail: 수반하다

[글의 주제] 빨간색 밑줄
격언과 같이 상식적인 지식은 그 중에 모순되는 것들이 많기 때문에 특정한 상황에 대한 명확한 설명이 없으면 적용되기 어렵고 사람들에게 도움을 주지 못한다.

③그것이 우리가 우리의 삶의 긴 여정에서 어려움과 도전에 직면할때마다 격언에 매우 의존하는 이유이다.

→ 앞문장에 나온 'aphorisms'(격언)이라는 같은 단어를 사용했으나 주제와 전혀 다른 내용.

※ 동일한 단어 사용에 낚이지 말 것.

전술 5. 변기에 물 내리기

위의 단계를 거쳐서 가까스로 선지를 두 개까지 골라놨는데, '어느 것이 답인지 도저히 둘 중에서 못 고르겠다' 하는 경우에는 무관하다고 생각된 그 문장을 뺀 앞뒤 문장이 연결되는지 확인해봐. 사실 이 작업은 필수야. 앞뒤로 문장을 잡고 씨름하라는 게 아니라 잠깐이라도 너희가 고른 문장 빼고 연결해보는 습관을 들여 보라는 말이야. 앞서 말한 명시적 단서 등이 사용되었는지, 그것들이 무엇을 가리키는지 따져보라는 말이야. (미안해. 이건 해석이 안 되면 적용하기 힘드네..) 화장실에 가면 마무리는 뭐다? 그렇지. 변기에 물을 내려야지. 이게 물 내리는 것과 같은 개념이야. 뒤처리 반드시 하라고.

전술 6. 해석조차 안 되는 그대에게

"쌤. 이것저것 다 해봤는데 당최 모르겠어요. 이 글은 나에게 너무나 일관적인걸요." 그래? 그럼 넌 해석 자체가 안 되는 건데? 흠… 그럼 느낌적인 느낌으로 문제를 푸는 수밖에 없어. 그 느낌 살려서 가보자.

②, ③, ④번 중에서 플러스(+)와 마이너스(-)만 구별해봐. +는 긍정적인 내용이나 긍정문, -는 부정적인 내용이나 부정문.

①+ ②+ ③- ④+ ⑤+　　①- ②- ③+ ④- ⑤-

①+ ②+ ③+ ④- ⑤+　　①- ②- ③- ④+ ⑤-

①+ ②- ③+ ④+ ⑤+　　①- ②+ ③- ④- ⑤-

[2020년 수능 35번 긍정부정 뉘앙스]

35. 다음 글에서 전체 흐름과 관계 없는 문장은?

Although commonsense knowledge may have merit, it also has weaknesses, not the least of which is that it often contradicts itself. For example, we hear that people who are similar will like one another ("Birds of a feather flock together") but also that persons who are dissimilar will like each other ("Opposites attract"). ① We are told that groups are wiser and smarter than individuals ("Two heads are better than one") but also that group work inevitably produces poor results ("Too many cooks spoil the broth"). ② Each of these contradictory statements may hold true under particular conditions, but without a clear statement of when they apply and when they do not, aphorisms provide little insight into relations among people. ③ That is why we heavily depend on aphorisms whenever we face difficulties and challenges in the long journey of our lives. ④ They provide even less guidance in situations where we must make decisions. ⑤ For example, when facing a choice that entails risk, which guideline should we use — "Nothing ventured, nothing gained" or "Better safe than sorry"?

* aphorism: 격언, 경구(警句)　** entail: 수반하다

부정 ② 그것들(모순되는 말들)이 언제 적용되는 지와 그것들이 언제 그렇지 않는지에 대한 명확한 진술이 없으면 격언은 사람들 사이의 관계에 대한 통찰력을 거의 제공하지 못한다.

긍정 ③ 그것이 우리가 우리의 삶의 긴 여정에서 어려움과 도전에 직면할 때마다 격언에 매우 의존하는 이유이다.

부정 ④ 그것들(격언들)은 우리가 결정을 해야하는 상황에서 지침을 훨씬더 적은 지침을 제공한다. (거의 제공하지 못한다.)

Dee쌤의 Ctrl

수능 단축키 12강 초간단 요약

매 강의의 수능 단축키는 반드시 위에 설명 듣고 보세요.
요약만 보아서는 이해되지 않습니다.

1. 오답 거르기 Tactic only for 3등급↓: ①번과 ⑤번 소거.
2. 첫 문장을 기준삼기: 첫 문장이 주제문이다. 키워드 잡아 네모라미.
3. 명시적 단서로 잡아내기.
4. 같은 소재라고 같은 내용인 건 아니다. 짬뽕재료로 만든 마라탕 찾기: 동일한 어휘의 함정. 첫 문장의 주제를 생각해.
5. 변기 물 내리기: 해당 문장 빼고 앞뒤 문장 연결되는지 반드시 확인해볼 것.
6. 해석조차 안 되는 그대는 플러스(+)와 마이너스(-)로 구별.
   (+는 긍정적인 내용이나 긍정문, -는 부정적인 내용이나 부정문)

"글은 맥락으로 이해하는 건데 그 중요한 맥락을 이렇게 토막을 내어 섞어 놓고, 글을 이해하기 위해 맥락에 맞게 다시 조합하라니… 요즘은 챗봇도 번역앱(App)도 '맥락'을 이해한다는데 그럼 나는 파파고만도 못한 인간인가요? 또르르…"

아니야. 파파고보다는 너희가 나아. 토닥토닥. 파파고는 행복을 느낄 수 없잖아. 너흰 비록 맥락은 모르지만 맛있는 음식도 먹을 줄 알고 16시간 잠도 잘 줄 알잖아. 그게 행복이지. 공부 안 한다고 엄마한테 등짝을 맞고도 아이돌 얼굴 보거나 게임 방송 입담 들으면 저절로 웃음이 나는. 그런 게 찐 행복 아니겠니?

5. 간접 말하기 · 쓰기

간접 말하기를 위해서는 가상의 의사소통 상황에 대한 대화나 담화를 듣고 전체적인 맥락과 의사소통 상황을 고려하여 가장 적절한 응답을 표현할 수 있는 능력이 필요합니다. 간접 쓰기를 위해서는 글의 전체적인 맥락과 문장 간의 논리적 흐름을 파악하여 가상의 글쓰기에 적용할 수 있는 능력이 필요합니다. 간접 말하기와 쓰기에는 다음과 같은 문항 유형이 있습니다.

문항유형	말하기	대화나 담화에 적절히 응답하기
	쓰기	흐름에 무관한 문장, 주어진 문장의 적합한 위치, 글의 순서 파악하기, 문단 요약하기

자, 이제 본론으로 돌아와서, 글의 순서 문제야 말로 수능 영어의 꽃이야. 빈칸추론문제와 문장삽입문제와 함께 '수능 빌런 삼대장'이지. 사실 무관한 문장, 순서, 삽입문제는 전부 결이 같아서 그 풀이법도 비슷해. 한국교육과정평가원은 이 삼대장을 위와 같이 '간접쓰기'라는 동일한 유형으로 분류하고 있어. 바로 이 '간접쓰기'가 우리의 등급을 가르는 킬링 파트가 되는 거고.

평가 요소

- 본 유형은 쓰기 능력을 간접적으로 평가하기 위한 유형으로, 좋은 글쓰기를 위해 필요한 통일성(unity), 일관성(coherence), 응집성(cohesion)에 대한 이해도를 평가한다. 단락이나 문장 간의 관계를 정확히 파악하여 글의 논리적 흐름을 완성하는 능력을 요구하고 있으며, 주어진 문장의 알맞은 위치 찾기, 주어진 글 다음에 이어질 글의 순서 고르기, 글의 흐름과 무관한 문장 고르기, 주어진 글의 요약문 완성하기 등의 형태로 출제된다.
- 이 유형은 2015 개정 교육과정의 성취기준 '일반적/다양한 주제에 관한 글을 읽고 주제 및 요지를 파악할 수 있다,' '일반적/다양한 주제에 관한 글을 읽고 내용의 논리적 관계를 파악할 수 있다,' '일반적/다양한 주제에 관한 글을 읽고 필자의 의도나 글의 목적을 파악할 수 있다,' '비교적 다양한 주제에 관해 짧은 에세이를 쓸 수 있다'와 연관된다.

문항 풀이를 위한 주요 개념·원리

- 본 유형으로 출제되는 문항의 정답을 찾기 위해서는 주어진 글을 신속히 읽고 글의 소재 및 중심 내용을 파악한 후, 문장 간의 논리적 관계와 단서들(세부 정보, 연결사, 지시사 등)을 활용하여 전체 흐름을 종합적으로 파악하는 능력이 무엇보다 중요하다. 특히, 예시, 나열, 비교와 대조, 원인과 결과 등 글쓰기에서 사용되는 보편적 글의 구조를 이해하는 능력이 필요하다.

위에 하이라이트 된 부분을 봐. 글은 반드시 통일성, 일관성, 응집성이 있어야 하고 그 논리적인 관계와 흐름은 명시적 단서인 연결사, 지시사, 대명사 등을 가지고 엮어내는 거야. 그럼 시작할게.

전술 1. 첫 문장에 인생 걸지 말란 말이야.

대한민국 최초의 프로파일러(profiler: 범죄심리분석 수사관)와의 한 인터뷰에서 기자는 다음과 같은 질문을 했어.

Q. "범죄자를 대면하기 전이나 현장에 가기 전 자신만의 루틴이 있나요?"

A. "특별한 루틴은 없습니다. 다만, 범죄자의 성향을 미리 분석하여 옷의 색깔이나 넥타이 등을 선택합니다. '그들에게 어떤 첫인상을 줄 것인가'를 고민합니다. 그것이 범죄자와의 면담에 영향을 많이 줍니다. 예를 들면 매우 강박적이고 보수적인 성향을 가진 범죄자와 면담할 때 검정 양복에 흰색 셔츠를 입고 가면 그 범죄자는 다른 형사들과 이야기할 때보다 제가 이야기할 때 더 집중합니다. 그런 것은 심리학의 여러 이론들을 응용한 것입니다."

프로파일러는 범죄자의 첫 대면이 중요해. 범죄수사에 큰 영향을 끼칠 수 있기 때문이지. 그런데 말이지. 결론부터 얘기하면 우리가 지금 하고 있는 순서 문제는 프로파일러의 첫인상처럼 처음이 그렇게 중요하지는 않아. 주어진 박스는 보통 글 전체의 내용을 끌고 갈 소재를 던져주는 용도로 사용이 되거든. 그러니 집착할 필요가 없다는 말이야. 그렇다고 해서 박스 문장을 안 해도 된다는 말은 아니야. 당연히 해석 신경 써야지. 다만 그렇게까지 이 문항의 킬링 포인트는 아니란 말이야. 해석은 하되, 완벽하게는 안 해도 된다는 말씀.

위 한국교육과정평가원의 가이드라인의 '문항 풀이를 위한 주요개념·원리' 첫 줄을 보자. '주어진 글을 신속히 읽고 글의 소재 및 중심내용파악'하라고 되어 있어. 여기서 주어진 글은 바로 상단의 박스를 말하는 거야. 이 문제 풀 때 박스를 먼저 읽지 않는 학생들은 없지. 무조건 먼저 보게 되어 있어. 당연한 말이긴 한데, 만약 박스 안의 내용이 이해가 안 되면 그때부터 멘붕이 와서 거기만 몇 번이고 계속 읽어본 경험, 다들 있지? 자, 이제 집착을 버리자. 평가원이 그러지 말라잖아. '신속히' 읽고 글의 소재가 무엇인지, 무슨 이야기를 하려는지 파악만 하자는 말이야. 그리고 아래로 빨리 넘어가야 해.

잠깐! 박스 내용을 읽을 때 두 가지 작업을 해야 해. 이름하여 '명단키'!

하나☝, 박스 안에 있는 **명**시적 **단**서(연결사, 지시사, 대명사, 정관사 등)에 밑줄을 긋거나 네모라미 친다.

둘✌, **키**워드 즉, 내용상 핵심적이라고 생각되는 부분에 밑줄을 긋거나 네모라미 친다.

앞서 말한 것처럼 박스는 신속하게 읽으며 소재파악 용도로 사용하고 명단키를 표시해 놓는 거지. 글의 순서, 문장삽입, 무관한 문장은 전부 이 '명단키'가 핵심이야. 그런데 순서문제는 box가 제일 처음에 오는 것으로 고정이 되어 있어. 따라서 명시적인 단서는 box 안이 아니라 (A), (B), (C)에서 더 많이 활용될 거야. Box 안은 그저 글을 이끌어 갈 내용상의 키워드를 잡을 용도로 사용해 보자고. 두 문장 이상으로 구성되어 있다면 마지막 문장이 중요해. 이 마지막 문장에 (A), (B), (C) 중 하나의 첫 문장을 붙일 거니까.

앗! 그런데 박스 안에 작업할 명시적 단서가 없다고? 당황하지 말고 두 번째 작업인 핵심키워드만 표시해 둬. 명시적 단서가 없으면 내용상으로 연결을 해야 하는데 이 경우 전술 5번을 적용하면 돼.

전술 2. '박스 작업은 했어요. 전 이제 어디로 가나요?'

선지 구조상 ①번은 답이 아닌 게 국룰이었어. (A)로 시작하는 순서는 무조건 제치고 시작했지. 하지만 2022년 6월 평가원 모의고사 36번에서 ①이 답으로 나왔어. 사실 ①(A)-(C)-(B)를 답으로 결정한다는 것은 정답에 대한 어마어마한 확신 없이는 불가능한 거라서 이 문제는 오답률 무려 72%로 1위를 기록했지. 수험생들의 통념과 속설이 깨진 거야. 사실 평가원에서 (A)가 먼저 오는 것을 답이 아니라고 언급한 적 없었기에 언제나 그 가능성은 있다는 점을 염두에 두길 바라. 2017년 6월 평가원 모의고사 37번도 정답은 ①번이었어. 사실 이 문제는 쉬워서 정답률이 70%에 달했기 때문에 이때는 큰 이슈가 되지 않았지. 하지만 2022년 6월 36번은 정답률이 28%일 정도로 학생들이 정말 많이 낚였어. 실제로 늘 1등급을 받던 Dee쌤의 한 학생은 2022년 6월 평가원 모의고사 36번 문제의 정답이 ①번인 줄 거의 확신하면서도 답으로 쓰기 찝찝해서 지문을 계속 읽으며 시간을 허비했어. 비록 답은 맞혔지만 여기에 시간을 너무 허비한 나머지 빈칸문제들을 못 풀어서 등급이 1에서 2로 하락해 버렸지.

"그냥 이 문제 틀리지 그랬니. 그럼 1등급 나왔을 텐데…"

벌써 세 번째 등장이네. '앞서 일어난 일이 계속 일어날 것'을 가리키는 '뜨거운 손 오류' 말이야. 위의 학생은 바로 이 오류에 빠져서 등급이 하락한거야. 그래도 이 시험이 수능이 아니었으니 정말 다행이야.

전술 3. 프로파일러의 범죄자 첫 대면: 첫 단추 잘 꿰기

이제부터 본격적으로 퍼즐 맞춰보는 거야. 지금이야말로 프로파일러가 범죄자를 첫 대면하듯, (A), (B), (C) 각 문단의 첫 문장이 중요하지. 두 가지로 나눠서 설명할게.

▶ ①(A)-(C)-(B)를 제치는 경우: Tactic For 3등급↓

하나, (B)로 가서 (B)의 첫 문장에 명시적 단서가 있나 확인하고 표시한 뒤 앞서 읽었던 박스의 마지막 문장과 해석이 연결되는지 확인해. 그리고 (B)의 나머지 문장들은 더 읽어 내려가지 말고 첫 문장만 확인하고 바로 (C)로 간다!

둘, (C)도 역시 첫 문장에 명시적 단서가 있나 확인하고 표시한 뒤 앞서 읽었던 박스의 마지막 문장과 해석이 연결되는지 확인해.

셋, 자 이제 (B)와 (C)의 각각 첫 문장을 읽었으니 둘 중에서 선택을 해야 해! 그냥 고르지 말고 앞서 박스 작업할 때 표시해 놓았던 명시적 단서와 패프(paraphrasing)를 근거로 선택해봐.

넷, 짝짝짝. 첫 단추 끼우느라 고생했어. 첫 번째 단락을 선택했으니 이제 확률은 2분의 1. 방금 선택한 (B) 혹은 (C)를 끝까지 읽어 내려가. 이제 마지막에 연결될 것을 찾기 위해 여기서부터는 영혼까지 끌어내서 두뇌를 풀가동해야 해. 배운 거 모두 써먹어야 한다는 이야기야. 패프와 명시적 단서, 이 두 가지를 최대한 활용해 보자. 어떻게 활용할지는 문제마다 달라. 같은 유형만 주구장창 연습해야 조금씩 감이 오기 시작할 거야. 연습만이 너희를 '순서·삽입'의 늪에서 구원해 줄 거야. 눈으로 풀지 말고 명단키 표시해 가면서 손으로 풀어.

▶ ①(A)-(C)-(B)를 제치지 않는 경우- Tactic For 1등급, 2등급

(A)의 첫 문장 잠시 확인해 봐. 단 몇 초면 충분히 할 수 있으니까 무턱대고 ①번 소거하지 말고. 그리고 지문을 읽어 내려가면서 명단(연결사, 대명사, 지시어) 눈에 보이면 무조건 동그라미 쳐놔!!! 이게 의식적으로 신경을 쓰지 않으면 그냥 아무 생각 없이 해석만 줄줄 하게 돼. 그러면 읽은 문장 또 읽고, 이해 안 되면 또 읽고, 시간은 흘러가고… 급하니 대충 생각한 거 찍고… 답 확인해 보면 둘 중 고민하던 것 중에서 내가 버린 선지가 정답이고…

하나, (A)의 첫 문장 빠르게 스캔. 명시적 단서가 있나 확인하고 앞서 박스 작업해 놓은 것과 연결되는지 확인할 것. 연결이 되든 안 되든 첫 문장만 읽고 (B)로 넘어가. 다만, 옆에 빈 공간에 (A)가 먼저 오는지 아닌지 표시는 해 놓고.

둘, (B)로 가서 (B)의 첫 문장에 명시적 단서가 있나 확인하고 표시한 뒤 앞서 읽었던 박스의 마지막 문장과 해석이 연결되는지 확인해. 그리고 (B)의 나머지 문장들은 더 읽어 내려가지 말고 첫 문장만 확인하고 바로 (C)로 간다!

셋, (C)도 역시 첫 문장에 명시적 단서가 있나 확인하고 표시한 뒤 앞서 읽었던 박스의 마지막 문장과 해석이 연결되는지 확인해.

넷, 자 이제 (A), (B), (C)의 각 첫 문장을 읽었으니 셋 중에서 선택을 해야겠지? 그냥 고르지 말고 앞서 box 작업할 때 표시해 놓았던 명시적 단서와 패프(paraphrasing)를 근거로 선택해야 해.

다섯, 짝짝짝. 첫 단추 끼우느라 고생했어. 방금 선택한 (A), (B), (C) 중 하나를 끝까지 읽어 내려가. 이제 마지막에 연결될 다음 것을 찾기 위해 여기서부터는 영혼까지 끌어내서 두뇌를 풀가동해야 해. 배운 거 전부 써먹어야 한다는 이야기야. 패프와 명시적 단서, 이 두 가지를 최대한 활용해 보자. 어떻게 활용할지는 문제마다 다르니 예시를 보자.

[2021년 수능 37번 명단 적용]

37.

Experts have identified a large number of measures that promote energy efficiency. Unfortunately many of them are not cost effective. This is a fundamental requirement for energy efficiency investment from an economic perspective.

이것: 집합적인 차원에서 국가의 에너지 효율 수준을 향상시키는 것

이것이 개인척 차원에 직접적인 영향을 끼침

(A) And this has direct repercussions at the individual level: households can reduce the cost of electricity and gas bills, and improve their health and comfort, while companies can increase their competitiveness and their productivity. Finally, the market for energy efficiency could contribute to the economy through job and firms creation.

외부요인, 거시적 경제, 집합적인 차원, 국가에너지효율

(B) There are significant externalities to take into account and there are also macroeconomic effects. For instance, at the aggregate level, improving the level of national energy efficiency has positive effects on macroeconomic issues such as energy dependence, climate change, health, national competitiveness and reducing fuel poverty.

개인적인 비용이 아님

(C) However, the calculation of such cost effectiveness is not easy: it is not simply a case of looking at private costs and comparing them to the reductions achieved. [3점]

* repercussion: 반향, 영향 ** aggregate: 집합의

① (A) − (C) − (B)
② (B) − (A) − (C)
③ (B) − (C) − (A)
④ (C) − (A) − (B)
⑤ (C) − (B) − (A)

전술 4. 될 놈 될. 일단 되는 놈부터 골라 봐.

박스 내용을 읽고 난 뒤 (A), (B), (C) 중 어느 것이 처음 오는지 도무지 확신이 서지 않을 때는 처음 올 것을 일단 제쳐두고 나머지 중에서 서로 연결이 되는지 묶어봐. 예를 들어 (A), (B), (C) 중 어느 것이 박스와 처음 연결되는지는 모르지만 (B)와 (C)는 확실한 근거가 보여서 바로 연결이 된다고 하면 선지에서 (B)-(C) 연결된 거 표시해 놓고 나머지는 지워버려. 박스를 생각하지 말고 순수하게 (A), (B), (C)만 놓고 서로 짝이 맞는 두 개만 묶어 보라는 말이야. 이것만 잘해도 바로 답이 나올 수도 있고 최소한 선지 한두 개는 소거할 수 있어.

[2020 수능 36번 될 놈 될]

36.

> Movies may be said to support the dominant culture and to serve as a means for its reproduction over time.

(A) The bad guys are usually punished; the romantic couple almost always find each other despite the obstacles and difficulties they encounter on the path to true love; and the way we wish the world to be is how, in the movies, it more often than not winds up being. No doubt it is this utopian aspect of movies that accounts for why we enjoy them so much.

나쁜사람들은 대개 벌을 받는다: 낭만적인 커플은진정한 사랑에 이르는 길에서 그들이 마주하는 장애물과 어려움에도 불구하고 거의 항상 서로를 찾아낸다.

(B) The simple answer to this question is that movies do more than present two-hour civics lessons or editorials on responsible behavior. They also tell stories that, in the end, we find satisfying.

그것들은 또한 우리가 결국 만족스럽다고 느끼는 이야기를 한다.

(C) But one may ask why audiences would find such movies enjoyable if all they do is give cultural directives and prescriptions for proper living. Most of us would likely grow tired of such didactic movies and would probably come to see them as propaganda, similar to the cultural artwork that was common in the Soviet Union and other autocratic societies.

* didactic: 교훈적인 ** autocratic: 독재적인

① (A) − (C) − (B) ② (B) − (A) − (C)
③ (B) − (C) − (A) ④ (C) − (A) − (B)
⑤ (C) − (B) − (A)

> 박스 내용과 상관없이 (A), (B), (C)만을 보고 순서를 정할수 있음 : (C)-(B)
>
> (C)-(B)를 포함한 선지에서 ①번과 ⑤번 중에서 내용이 연결되는 것을 찾으면 : (B)-(A)
>
> 따라서 (C)-(B)-(A)

전술 5. '단서 없이 내용상 연결' 아… 내 3점… 또르르

위에서 명시적 단서를 통해서 연결이 자연스러운지 확인을 하는데 도무지 명시적 단서를 찾을 수 없는 경우가 있지. 이럴 때는 내용으로 연결이 되는 거야. 여기서 Paraphrasing 재 등판! 글의 자연스러운 흐름을 하드캐리할 단서가 없이 전적으로 해석에 의존해야 하므로 똑같은 단어가 아니더라도 그 내용을 비슷하게 바꿔 말한 부분이 있는지 반드시 확인하도록 해!

지금 그 손 가만히 있지 말고 꼭 밑줄 그으면서 지문을 읽는 습관을 들여야 해. 수능은 샤프로 푸는 거야. 눈으로만 풀면 절대로 안 돼!!!!!!!!!

[2021년 9월 36번 명단 없이 내용만으로 순서 연결]

36.

In the fifth century *B.C.E.*, the Greek philosopher Protagoras pronounced, "Man is the measure of all things." In other words, we feel entitled to ask the world, "What good are you?"

> 인간이 만물의 척도라는 인간 중심적인 관점 제시

(B) We assume that we are the world's standard, that all things should be compared to us. Such an assumption makes us overlook a lot.

> (B) 인간중심적 관점을 가진 우리가 간과하는 점이 있음

(A) Abilities said to "make us human" — empathy, communication, grief, toolmaking, and so on — all exist to varying degrees among other minds sharing the world with us. Animals with backbones (fishes, amphibians, reptiles, birds, and mammals) all share the same basic skeleton, organs, nervous systems, hormones, and behaviors.

> (A) 우리를 인간답게 만들어주는 능력들이 다른마음(존재)에게도 다양하게 존재함. 척추 동물도 인간과 동일한 것을 공유.
> : 동물들도 인간의 정신적, 신체적 특성 공유함

(C) Just as different models of automobiles each have an engine, drive train, four wheels, doors, and seats, we differ mainly in terms of our outside contours and a few internal tweaks. But like naive car buyers, most people see only animals' varied exteriors.

> (C) 다양한 외형의과 자동차도 결국 같은 구성요소를 가짐. 사람들이 표면적인 차이에만 집중하여 본질을 간과함.

* contour: 윤곽, 외형 ** tweak: 조정, 개조

① (A) – (C) – (B) ②(B) – (A) – (C)
③ (B) – (C) – (A) ④ (C) – (A) – (B)
⑤ (C) – (B) – (A)

※ 명시적 단서 없이 내용만으로 글의 흐름을 파악 해야 함

Dee쌤의 Ctrl

수능 단축키 14강 초간단 요약

매 강의의 수능 단축키는 반드시 위에 설명 듣고 보세요.
요약만 보아서는 이해되지 않습니다.

1. 박스에 '집착'하지 말고 '침착'하게 작업하기.
   명단키: 하나☝, 명시적 단서(연결사, 지시사, 대명사, 정관사 등)네모라미.
   둘✌, 키워드 네모라미.
2. 선지 ①번을 지워? 말어? It's up to you.
3. Tactic For 3등급↓
   하나, 선지 ①번 소거.
   둘, (B)의 첫 문장에 명단 네모라미. 주어진 box와 연결되는지 check. 더 이상 읽지 말고 (C)로.
   셋, (C)의 첫 문장에 명단 네모라미. 주어진 box와 연결되는지 check.
   넷, (B)와 (C)의 중에서 명단과 패프 근거로 첫 단추 선택.
   다섯, 첫 단추 정했으면 정한 단락 끝까지 읽고 나머지 단락 연결. 명단과 패프 근거로 두뇌 풀가동.
4. Tactic For 1등급, 2등급
   하나, (A) 첫 문장 빠르게 스캔. 명단 네모라미. 더 이상 읽지 말고 (B)로.
   둘, (B)의 첫 문장에 명단 네모라미. 주어진 box와 연결되는지 check. 더 이상 읽지 말고 (C)로.
   셋, (C)의 첫 문장에 명단 네모라미. 주어진 box와 연결되는지 check.
   넷, (A), (B), (C)의 중에서 명단과 패프 근거로 첫 단추 선택.
   다섯, 첫 단추 정했으면 정한 단락 끝까지 읽고 나머지 연결. 명단과 패프 근거로 두뇌 풀가동.
5. box 빼고 (A), (B), (C) 중 서로 짝이 맞는 두 개 먼저 묶어라.
6. 단서 없이 내용상으로만 연결될 경우 해석과 패프로.

14강 38번~39번 문장 삽입

"쌤. 저는 낄끼빠빠('낄 때 끼고 빠질 때 빠져라')를 못해서 친구들한테 센스 없다고 타박당해요. 그래서 문장 삽입도 못합니다. 어디에 끼워야 할지를 모르겠어요."

"전 소극적이라 빠질 때는 잘 빠지는데 끼는 걸 못해서 문삽이 안 돼요. 깍지도 못 끼고 팔짱도 못 껴요. 끼는 건 전부다…"

걱정 마. '낄끼빠빠' 못해서 은따를 당하고, 팔짱을 못 껴서 여친, 남친을 못 사귀어도 38번과 39번의 지문 사이에 문장은 끼워 넣을 수 있어. 일단 이것 잘 끼워 넣고 등급 따서 대학부터 가 보자. 친구문제, 이성문제는 Dee쌤이 해결해 줄 수 없지만 이건 확실히 도와줄게.

평가 요소

- 본 유형은 쓰기 능력을 간접적으로 평가하기 위한 유형으로, 좋은 글쓰기를 위해 필요한 통일성(unity), 일관성(coherence), 응집성(cohesion)에 대한 이해도를 평가한다. 단락이나 문장 간의 관계를 정확히 파악하여 글의 논리적 흐름을 완성하는 능력을 요구하고 있으며, 주어진 문장의 알맞은 위치 찾기, 주어진 글 다음에 이어질 글의 순서 고르기, 글의 흐름과 무관한 문장 고르기, 주어진 글의 요약문 완성하기 등의 형태로 출제된다.
- 이 유형은 2015 개정 교육과정의 성취기준 '일반적/다양한 주제에 관한 글을 읽고 주제 및 요지를 파악할 수 있다,' '일반적/다양한 주제에 관한 글을 읽고 내용의 논리적 관계를 파악할 수 있다,' '일반적/다양한 주제에 관한 글을 읽고 필자의 의도나 글의 목적을 파악할 수 있다,' '비교적 다양한 주제에 관해 짧은 에세이를 쓸 수 있다'와 연관된다.

이 삽입 유형도 순서 문제와 맥이 같아서 이 가이드가 또 필요해. 보다시피 통일성(unity), 일관성(coherence), 응집성(cohesion)이 갖추어 져야 좋은 글이지. 이건 다시 말해 통일성, 일관성, 응집성이 깨지는 곳에 주어진 문장을 넣으라는 뜻이기도 해. 바로 거기라고. box가 있어야 할 곳은.

전술 1. "새치기로 맨 앞에 온 주제에…"

주어진 박스는 하나의 글에서 일부를 떼어서 위에 올려놓은 거야. 새치기해서 맨 앞으로 온 거니까 박스부터 해석하면 당연히 무슨 말인지 모르지. 그러니 일단 박스부터 읽지 말고 먼저 지문으로 가서 선지 ①번이 시작되기 전까지 먼저 읽어보는 거야. 그리고 나서 박스를 해석해 보자. 박스 내용이 무슨 말인지 잘 이해하지 못해도 괜찮아. 어쩌면 당연한 거야. 아래처럼 박스 작업만 해놓고 다시 ①번으로 가보자고. 여기서 시간 질질 끌면 안 돼.

하나, 박스 안에 있는 명시적 단서(연결사, 지시사, 대명사, 정관사 등)에 밑줄을 긋거나 네모라미 친다.

둘, 키워드 즉, 내용상 핵심적이라고 생각되는 부분에 밑줄을 긋거나 네모라미 친다.

앗! 그런데 박스 안에 작업할 명단(명시적 단서)이 없다고? 당황하지 말고 두 번째 작업인 핵심 키워드만 표시해 둬. 명시적 단서가 박스가 아닌 지문 속에 있을 테니까. 박스문장이 들어갈 위치 전후에 명단이 존재할 거야.

전술 2. 이렇게 계속 찔러보시면…

이제 ①번 뒤를 읽어볼 거야. 좀 전에 지문의 처음부터 ①번 전까지 먼저 읽고 박스를 읽었지? 좋아. 이제 box 내용과 ①번 뒤 문장이 연결되는지 확인해 봐. 사실 확률상으로 ①번이 될 가능성은 낮지만 답으로 쓰이는 경우가 없는 것은 아니니까 확인은 꼭 해주어야겠지.

지문을 읽을 때, 방금 박스에서 했던 두 가지 작업 즉, 명단(명시적 단서)과 키워드(핵심 어구)를 계속 염두에 두면서 읽어야 해. ①번 ②번, ③번, ④번, ⑤번 사이사이에 각각 box를 넣어 보며 일일이 확인할 필요는 없어. 여기저기 찔러보지 말고 그냥 쭈욱~ 읽어줘. 극악의 난이도가 아니라면 어지간하면 답 나오기 전까지 흐름이 이어지는 게 느껴질 거야. 그러다 어느 순간 뜬금없이 무엇을 가리키는지 알 수 없는 대명사가 등장을 한다든지 생소한 어구가 나타나면 흐름이 단절된 맥 커터 feel이 올 거야. 맥이 끊기는 거기가 바로 답이야.

전술 3. 맥커터✂ 찾기. (어려운 말로 '논리적 비약 찾기')

"아니 그런데 맥이 끊기는 그 느낌은 도대체 어떻게 느끼는 거냐고요. 엄마한테 용돈은 끊겨 봤지만 맥은 안 끊겨봤어요."

네가 그리 끊긴 맥을 못 찾으니 내 밥줄이 안 끊기겠구나. 고맙…

앞서 말한 것처럼, 박스에 명시적 단서가 없는 경우가 있어. 그러니 어디에 주어진 문장을 넣을지 당최 모르겠는 거지. 명단이 박스에 없다면 지문에 존재할 가능성이 커. 지문에 명단이 나올 때마다 네모라미 쳐 가며 흐름을 파악해야 해. 그런데 심지어 지문에도 명단이 없는 경우도 있어. 이럴 때는 내용상이나 논리상 연결이 매끄러운지 판단해야 해. 그런데 이건 안타깝지만 해석으로 밖에 해결이 안 돼. 한마디로 해석을 못 하면 못 풀지.

맥커터✂를 찾을 때는 앞서 여러 번 언급한 것처럼 너희만의 언어를 사용해서 지문을 쉬운 표현으로 바꿔보는 것이 가장 좋아. 수능 지문의 내용 수준은 상당히 높기 때문에 우리말로 쓰여 있어도 단번에 의미파악이 어려운 경우도 있잖아. 그러니 어려운 내용을 너희만 알아듣게 쉬운 말로 바꿔서 생각해. 지문 옆에 한글로 써 놓아도 좋아!

그래도 수능 문장삽입 두 문제 중 적어도 한 문제는 반드시 위의 1번과 2번 전술로 통하니까 너무 좌절하지 말고 쉬운 문제에서 절약한 시간을 여기에 투자하도록 해.

[2020수능 39번 맥커터]

39.

Still, it is arguable that advertisers worry rather too much about this problem, as advertising in other media has always been fragmented.

The fragmentation of television audiences during recent decades, which has happened throughout the globe as new channels have been launched everywhere, has caused advertisers much concern. (①) Advertisers look back nostalgically to the years when a single spot transmission would be seen by the majority of the population at one fell swoop. (②) This made the television advertising of mass consumer products relatively straightforward — not to say easy — whereas today it is necessary for advertisers to build up coverage of their target markets over time, by advertising on a host of channels with separate audiences. (③) Moreover, advertisers gain considerable benefits from the price competition between the numerous broadcasting stations. (④) And television remains much the fastest way to build up public awareness of a new brand or a new campaign. (⑤) Seldom does a new brand or new campaign that solely uses other media, without using television, reach high levels of public awareness very quickly. [3점]

* fragment: 조각내다 ** at one fell swoop: 단번에, 일거에

Still (그렇지만) - 글의 흐름을 반전 시킴

텔레비전 시청자들의 분열은 광고주들을 걱정시킴.
(광고주들이 텔레비전 채널 수가 증가하여 한 채널에서 광고를 보는 시청자의 수가 줄어들 것을 걱정함.)

광고주들은 한 군데서의 송출이 단번에 보이던 그 시절을 향수에 젖어 회상함. 이것은 대량소비제품의 텔레비전 광고를 비교적 간단하게 함.
반면 오늘날에는 다수의 채널에 광고함으로써 목표시장의 범위를 늘리는 것이 필수가 되어버림.

광고주들의 걱정 - ③번 자리 반전- **광고주들의 이익**

게다가, 광고주들은 수많은 방송국들간의 가격경쟁에서 **상당한 이익**을 얻는다.

전술 4. 부정어엔 노라인

미국 시애틀에 가면 '아마존 고'(Amazon Go)라는 매장이 있어. 아마존 고는 세계적 기업인 '아마존'이 운영하는 세계 최초의 무인 매장이지. 이곳을 이용하려면 우선, 스마트 폰에 앱(App)을 다운받고 QR코드로 입장해. 쇼핑하면서 사고 싶은 상품을 들어 카트에 담으면 천장에 달린 수많은 카메라와 센서가 이를 자동감지해서 휴대폰 앱에 연결된 신용카드로 자동으로 결제를 해주는 거야. Just Walk Out Technology라고 부르는 기술이야. 여기 입구에는 다음과 같은 문구가 쓰여 있어.

"NO LINES. NO CHECKOUT"

노.라.인. 이 말을 하고 싶었어. 너희들이 쉽게 기억해 주었으면 해서.

자, 이제 노라인 앞에 한 가지만 덧붙여서 외우자.

"부정어엔 노라인"

'노라인'이란 각각 노(Nor), 라(Rather), 인(Instead)을 말해. 지문에서 '노라인'이 나오면 그 앞에는 대부분 부정어가 있어. 따라서 삽입하고자 하는 박스 안에 '노라인'이 있거든 부정어구가 포함된 문장 다음에 넣으면 되겠지. 만약 부정문이 연속으로 나온다면? 그럼 당연히 마지막 거 앞에 넣어야지. 왜냐하면 "노라인" 뒤에는 긍정문이 나오니까.

[2021년 9월 노라인]

38.

> Rather, happiness is often found in those moments we are most vulnerable, alone or in pain.

We seek out feel-good experiences, always on the lookout for the next holiday, purchase or culinary experience. This approach to happiness is relatively recent; it depends on our capacity both to pad our lives with material pleasures and to feel that we can control our suffering. (①) Painkillers, as we know them today, are a relatively recent invention and access to material comfort is now within reach of a much larger proportion of the world's population. (②) These technological and economic advances have had significant cultural implications, leading us to see our negative experiences as a problem and maximizing our positive experiences as the answer. (③) Yet, through this we have forgotten that being happy in life is not just about pleasure. (④) Comfort, contentment and satisfaction have never been the elixir of happiness. (⑤) Happiness is there, on the edges of these experiences, and when we get a glimpse of *that* kind of happiness it is powerful, transcendent and compelling.

* culinary: 요리의 ** elixir: 특효약 *** transcendent: 뛰어난

[2020년 6월 노라인]

39.

> Rather, it evolved naturally as certain devices were found in practice to be both workable and useful.

Film has no grammar. (①) There are, however, some vaguely defined rules of usage in cinematic language, and the syntax of film — its systematic arrangement — orders these rules and indicates relationships among them. (②) As with written and spoken languages, it is important to remember that the syntax of film is a result of its usage, not a determinant of it. (③) There is nothing preordained about film syntax. (④) Like the syntax of written and spoken language, the syntax of film is an organic development, descriptive rather than prescriptive, and it has changed considerably over the years. (⑤) "Hollywood Grammar" may sound laughable now, but during the thirties, forties, and early fifties it was an accurate model of the way Hollywood films were constructed. [3점]

* preordained: 미리 정해진

[2021년 6월 노라인]

38.

> Compounding the difficulty, now more than ever, is what ergonomists call information overload, where a leader is overrun with inputs — via e-mails, meetings, and phone calls — that only distract and confuse her thinking.

Clarity is often a difficult thing for a leader to obtain. Concerns of the present tend to seem larger than potentially greater concerns that lie farther away. (①) Some decisions by their nature present great complexity, whose many variables must come together a certain way for the leader to succeed. (②) Alternatively, the leader's information might be only fragmentary, which might cause her to fill in the gaps with assumptions — sometimes without recognizing them as such. (③) And the merits of a leader's most important decisions, by their nature, typically are not clear-cut. (④) Instead those decisions involve a process of assigning weights to competing interests, and then determining, based upon

Instead 가 문제의 답이 되는 부분은 아니었으나 다른 선지에 등장함. Instead 앞에 부정어가 있으니 ④번에는 박스문장을 삽입하지 않음.

* ergonomist: 인간 공학자 ** fragmentary: 단편적인

[2017년 수능 노라인]

39.

> Rather, they will happen only through state intervention, based on parliamentary decision.

I expect that global society will increase annual investments from 24% today to 36% of the GDP in 2052. Much of this investment will be in energy-efficient goods that are more expensive than old-fashioned stuff designed for an era of cheap energy. (①) Another share will be invested in the shift from coal to more expensive fuels, like conventional gas. (②) Some will go into the construction of new renewable energy supply, even during the years before it becomes competitive. (③) And a lot will go into repair of climate damage or adaptation to future climate damage — for example, investing in new protective walls along the coast to keep the rising ocean back. (④) These huge increases in investment would not come about if investment was left to the market. (⑤) It will be either direct, when the government invests the tax dollars in whatever capacity it considers to be most necessary, or indirect, when the government passes legislation that makes the desired activity more profitable.

전술 5. 반전이 답이다.

드라마나 영화의 묘미는 역시 반전이지. 충격적이고 기발한 반전은 언제나 사람들의 호기심의 대상이기도 하고. 쌤도 반전이 있는 내용을 엄청나게 좋아해. 재미있는 반전 영화들을 추천해주고 싶지만 그랬다간 지금 너희들 책 덮고 유튜브에서 찾아볼 테니 꾹 참겠어. 영화나 드라마는 수능 끝나고 몰아서 보자. 공부는 지금 밖에 할 수 없지만 영화나 드라마는 나중에 언제든지 볼 수 있으니까. 지금은 오직 현재 할 수 있는 것에만 집중해야 해.

문장삽입 유형에서도 반전이 시작되는 부분에 box 문장을 삽입하는 경우가 종종 있어. 어느 부분을 기점으로 내용이 달라지는지 파악하면 답을 쉽게 찾을 수가 있지. +는 긍정적인 내용이나 긍정문, -는 부정적인 내용이나 부정문. 앞에 맥커터로 예를 들었던 2020년 수능 39번도 여기에 해당이 돼. 다시 한번 볼까?

	반전 시작	
마 -	주어진 문장	쁠 +
쁠 +	주어진 문장	마 -

[2020년 수능 39번 반전]

39.

Still, it is arguable that advertisers worry rather too much about this problem, as advertising in other media has always been fragmented.

The fragmentation of television audiences during recent decades, which has happened throughout the globe as new channels have been launched everywhere, has caused advertisers much concern. (①) Advertisers look back nostalgically to the years when a single spot transmission would be seen by the majority of the population at one fell swoop. (②) This made the television advertising of mass consumer products relatively straightforward — not to say easy — whereas today it is necessary for advertisers to build up coverage of their target markets over time, by advertising on a host of channels with separate audiences. (③) Moreover, advertisers gain considerable benefits from the price competition between the numerous broadcasting stations. (④) And television remains much the fastest way to build up public awareness of a new brand or a new campaign. (⑤) Seldom does a new brand or new campaign that solely uses other media, without using television, reach high levels of public awareness very quickly. [3점]

* fragment: 조각내다 ** at one fell swoop: 단번에, 일거에

Still (그렇지만) - 글의 흐름을 반전 시킴

텔레비전 시청자들의 분열은 광고주들을 걱정시킴.
(광고주들이 텔레비전 채널 수가 증가하여 한 채널에서 광고를 보는 시청자의 수가 줄어든 것을 걱정함.)

광고주들은 한 군데서의 송출이 단번에 보이던 그 시절을 향수에 젖어 회상함. 이것은 대량소비제품의 텔레비전 광고를 비교적 간단하게 함.
반면 오늘날에는 다수의 채널에 광고함으로써 목표시장의 범위를 늘리는 것이 필수가 되어버림.

광고주들의 걱정 - ③번 자리 반전- **광고주들의 이익**

게다가, 광고주들은 수많은 방송국들간의 가격경쟁에서 **상당한 이익**을 얻는다.

Dee쌤의 Ctrl

수능 단축키 14강 초간단 요약

매 강의의 수능 단축키는 반드시 위에 설명 듣고 보세요.
요약만 보아서는 이해되지 않습니다.

1. box 말고 지문 먼저 읽는다.
2. 지문에서 선지 ①번 전까지 먼저 해석해 보고 box로.
3. 피자 Box가 아니므로 접지 말고 '명단키' 작업!
4. 명단키에 유의하며 ①번 문장부터 확인.
5. 여기서 두 가지 할 일.
   a. 지문 속에 명단이 있을 수도 있으므로 읽으며 나올 때마다 네모라미
   b. box 속 키워드와 유사한 어구 등장 시 눈을 번쩍 뜬다. -패프
6. 맥커터나 새로운 어구가 나오면 박스 넣어 보기.
7. Nor, Rather, Instead (노.라.인.) 앞에는 부정어 혹은 부정문.
8. 반전 부분에 문장 넣기.

전술 1. 긴 영상은 요약짤이 제 맛이듯…

지문을 읽기 전 무조건 아래 있는 요약문 박스로 가봐. 이 박스는 위의 긴 지문 중에서 중요하지 않은 정보를 지우고 핵심만 남겨놓은 것이거든. 너무 당연한 건데, 이 말은 요약문에 있는 빈칸이 위 지문의 핵심키워드라는 말이야. 위 지문 속에 이 핵심키워드가 있을 테니 숨은그림찾기처럼 그 키워드를 찾아내는 스킬이 관건이지.

각설하고, 40번을 마주하면 지문 전에 요약문 먼저 해석해 보고 글의 내용을 미리 짐작해 봐. 이것만 잘해도 문제에 따라서는 지문을 읽지도 않고 답을 고를 수 있는 경우가 정말 많아. 하지만 수능 실전에서 그렇게까지 하기는 불안하니까, 핵심 키워드가 빠져있는 빈껍데기 요약문은 지문의 대략적인 내용을 예측해 보는 용도로만 사용하자고. 참! 요약문 볼 때 반드시 '키워드 샤프질' 잊지 말고!

전술 2. 숨은 단어 찾기. #필터링 #패프 찾기

이제 지문을 읽는 거야. 아래 요약문에서 파악한 지문의 중심소재를 생각하며 위에서부터 쭈욱 읽어 내려가. 수능은 우리에게 중요한 정보와 중요하지 않은 정보를 구별하는 능력을 요구한다고 했지? 지문을 꼼꼼히 해석할 필요 없어. 40번은 필터링이 핵심이야. 걸러 보자고.

여기서 바로 Paraphrasing이 재 등판!

그럼 지문의 핵심 어휘가 어떻게 요약문으로 Paraphrasing 되어 있는지 기출에서 보여줄게. 모든 문제가 이런 식이기 때문에 예시가 너무 많아. 수능과 평가원 문제 보여줄게. 시도 교육청 기출을 보면 이것들 보다 훨씬 더 노골적으로 빈칸(A)_____와 빈칸(B)_____가 그대로 Paraphrasing 되는 문제도 수두룩해.

[2022년 6월 40번 요약문 Paraphrasing]

40. 다음 글의 내용을 한 문장으로 요약하고자 한다. 빈칸 (A), (B)에 들어갈 말로 가장 적절한 것은?

The idea that *planting* trees could have a social or political significance appears to have been invented by the English, though it has since spread widely. According to Keith Thomas's history *Man and the Natural World*, seventeenth- and eighteenth-century aristocrats began planting hardwood trees, usually in lines, to declare the extent of their property and the permanence of their claim to it. "What can be more pleasant," the editor of a magazine for gentlemen asked his readers, "than to have the bounds and limits of your own property preserved and continued from age to age by the testimony of such living and growing witnesses?" Planting trees had the additional advantage of being regarded as a patriotic act, for the Crown had declared a severe shortage of the hardwood on which the Royal Navy depended.

* aristocrat: 귀족 ** patriotic: 애국적인

대대로 보존되고 지속되는

애국적인 행동으로 여겨지는

↓

지속적인

For English aristocrats, planting trees served as statements to mark the ___lasting___ ownership of their land, and it was also considered to be a(n) ___exhibition___ of their loyalty to the nation.

그들의 충성심의 표현으로 여겨지는

(A)	(B)	(A)	(B)
① unstable	…… confirmation	② unstable	…… exaggeration
③ lasting	…… exhibition	④ lasting	…… manipulation
⑤ official	…… justification		

예시가 너무 많으니 패프된 부분만 딱 보여줄게. 아래를 보도록.

출처	지문 속 Paraphrasing 된 부분	→ 요약문 빈칸
2021년 수능	questionable(의문스러운) a bias(편견)	→ misguided(잘못 이해하는)
	not a universal(보편적이지 않은)	→ not uniform(일률적이지 않은)
2020년 수능	social bond(사회적 유대관계)	→ socially tied(사회적으로 유대감을 갖는)
	duration of separation(분리된 기긴)	→ parted(헤어져)
2020년 6월	want to be seen as(~로 보이고 싶어하다)	→ pretend(~인체하다)
	strart to use…in a serious manner(진지한 태도로 사용하기 시작하다)	→ actuliaze(실현하다)
2020년 9월	packaging and repackaging the same proven, marketable concepts. (입중된, 시장성 있는 똑같은 컨셉들의 포장과 재포장)	→ trapped in its own commercialized environment (자신의 상업화된 환경에 갇힌)
2019년 수능	have advantages(이점이 있다)	→ competitive(경쟁력이 있는)
2019년 9월	the need or desire to keep (유지하려는 필요나 욕구) conservation(보존) protection(보호)	→ preservation(보존)
2019년 3월	more prone to be ripped (떨어져 나가기 더 쉬운)	→ less durable (덜 견고한, 덜 튼튼한)
2018년 수능	diminishing the frequency of radically new ideas (근본적으로 새로운 생각의 빈도를 줄이는)	→less probable for unexpected findings to happen (예기치 않은 발견이 일어날 가능성이 덜한)

명심해! 빈칸(A)______와 빈칸(B)_____에 paraphrasing 되는 부분은 반드시 지문 어딘가에 존재하니 눈을 씻고 찾아보기!

전술 3. 유유상종. 옆에 있는 놈을 잡아라.

"아니, 그래도 나는 죽어도 못 찾겠다!" 하는 친구들은 잘 들어. 요약문에 나와 있는 빈칸 앞뒤의 단어들 있잖아. 그것들을 일단 밑줄을 그어놓고 눈여겨봐. 이제 지문으로 올라가서 위에서부터 읽어 내려가면서 요약문에서 밑줄 그은 부분과 최대한 흡사한 단어를 찾아. 그다음 그 부분이 들어간 문장에 통째로 밑줄을 긋도록. 자세히 살펴보면 빈칸(A) 혹은 빈칸(B)에 들어갈 선지의 단어와 동의어, 유의어가 그 문장 안에 있을 거야. 바로 그게 답이야.

이게 설명이 조금 복잡해서 그렇지 잘 익혀 두면 기가 막힌 전술이야. 연습하고 꼭 써먹어 봐. 이래저래 답이 안 보일 때 굉장히 요긴하거든. 그런데 도대체 무슨 말인지 모르겠다고? 좋아. 좀 전에 봤던 최신 기출로 다시 한번 시뮬레이션 해보자.

[2022년 6월 40번 요약문 유유상종 전술]

1. 요약문을 먼저 본다.

For English aristocrats, planting trees served as statements to mark the ____(A)____ ownership of their land, and it was also considered to be a(n) ____(B)____ of their loyalty to the nation.

2. 빈칸 앞뒤의 단어를 살펴보고 밑줄을 긋는다.

(A) 바로 뒤에 ownership of land 잡고
(B) 앞 뒤에 considered, loyalty 잡아보자

3. 지문으로 올라간다.

4. 방금 요약문에서 밑줄 그은 부분과 비슷한 어구를 찾는다.

The idea that *planting* trees could have a social or political significance appears to have been invented by the English, though it has since spread widely. According to Keith Thomas's history *Man and the Natural World*, seventeenth- and eighteenth-century aristocrats began planting hardwood trees, usually in lines, to declare the extent of their property and the permanence of their claim to it. "What can be more pleasant," the editor of a magazine for gentlemen asked his readers, "than to have the bounds and limits of your own property preserved and continued from age to age by the testimony of such living and growing witnesses?" Planting trees had the additional advantage of being regarded as a patriotic act, for the Crown had declared a severe shortage of the hardwood on which the Royal Navy depended.

* aristocrat: 귀족 ** patriotic: 애국적인

위에서 부터 쭉 읽어내려가다가...

오~ 찾았다!
(A)에서 잡은
ownership of land(땅의 소유권)와 비슷한
own property(자신의 자산) 발견!

또 발견!
(B)에서 잡은 considered(여겨지는)의
동의어 regarded 찾았고,
loyalty(충성심)와 비슷한
patriotic(애국적인) 찾았어!

5. 찾은 그 문장이 요약문의 패프!

6. 그 문장과 요약문을 비교해가며 선지에서 동의서, 유의어를 찾아 넣는다.

own property 들어간 문장 :
to have the bounds and limits of your own property preserved and continued from age to age
→ **선지에 있는 유사 표현 :** lasting(지속적인) (대대로 보존되고 지속되는)

regarded, patriotic 들어간 문장 :
Planting trees had the additional advantage of being regarded as a patriotic act (애국적인 행동)
→ **선지에 있는 유사 표현 :** exhibition of their loyalty(충성심의 표현)

[2021년 수능40번-요약문 유유상종]

From a cross-cultural perspective the equation between public leadership and dominance is questionable. What does one mean by 'dominance'? Does it indicate coercion? Or control over 'the most valued'? 'Political' systems may be about both, either, or conceivably neither. The idea of 'control' would be a bothersome one for many peoples, as for instance among many native peoples of Amazonia where all members of a community are fond of their personal autonomy and notably allergic to any obvious expression of control or coercion. The conception of political power as a *coercive* force, while it may be a Western fixation, is not a universal. It is very unusual for an Amazonian leader to give an order. If many peoples do not view political power as a coercive force, *nor as the most valued domain*, then the leap from 'the political' to 'domination' (as coercion), *and from there* to 'domination of women', is a shaky one. As Marilyn Strathern has remarked, the notions of 'the political' and 'political personhood' are cultural obsessions of our own, a bias long reflected in anthropological constructs.

* coercion: 강제 ** autonomy: 자율
*** anthropological: 인류학의

⬇

It is ____(A)____ to understand political power in other cultures through our own notion of it because ideas of political power are not ____(B)____ across cultures.

2. 위에서 부터 쭉 읽어내려가다가
앗! 찾았다. political power
그럼 그 문장에 밑줄

3. cultures through our own notion과
완전히 같지는 않지만 유사한
cultural obsessions of our own 발견!
그럼 그 문장에 밑줄

1. 우선 요약문 보니
(A) 옆에도 political power이 있고
(B) 옆에도 political power이 있으니
무조건 위에서 이건 찾아봐야지 .
음... cultures through our own notion
이것도 찜!

4. political power 들어간 문장 -
The conception of political power as a coercive force, while it may be a Western fixation, is not a **universal**.(보편적이지 않은)
→ 선지에 있는 유사 표현: not **uniform**(일률적이지 않은) **※빈칸 앞에 not주의! 선지에는 not 없음 !**

5. cultures through our own notion과 유사 표현 들어간 문장-
the notions of 'the political' and 'political personhood' are cultural obsessions of our own, **a bias** long reflected in anthropological constructs.
→ 선지에 있는 유사 표현: **misguided** (잘못이해 된)

여기서 주의 사항이 있어. 지금 이 예시처럼 요약문 빈칸 앞에 not과 같은 부정어가 있으면 반드시 해석에 주의해야 해! 요약문 완성 유형은 paraphrasing이 전부이기 때문에 단순히 동의어, 유의어 등으로 바꿔

놓는 것은 너무 쉬워. 그러니 요약문이든 지문이든 앞뒤 부정어구는 항상 주의해서 표시해 놓으라고! 꼭 기억해.

Dee쌤의 Ctrl

수능 단축키 15강 초간단 요약

매 강의의 수능 단축키는 반드시 위에 설명 듣고 보세요.
요약만 보아서는 이해되지 않습니다.

1. 요약문 먼저 보고 내용 예측하기.
2. 패프 찾기- 주로 하단부.
3. 요약문의 빈칸 앞뒤와 비슷한 어구를 지문에서 찾기.
4. 찾은 문장 전체에 밑줄 긋고, 밑줄 안에 선지 어휘의 동의어나 유사표현이 있는지 찾아본다.
5. 요약문 내에 부정어구 해석 주의!

이제 드디어 8page! 수능영어 마지막 페이지야. 그런데 여기를 제일 마지막에 푸는 친구들은 없을 거야. 아니, 마지막에 풀면 안 되지. 마지막인데 마지막이 아닌. 여기는 1page와 2page 듣기문제 풀고, 3page에 있는 대의파악문제들 푼 뒤에 세 번째로 만나게 될 Part거든. 쌤이 독해 전술 끝나고 뒤에 문제풀이 순서를 알려줄 거야. 그 부분 숙지하길 바라.

자, 41번, 42번 단일장문 문항들은 너희들의 등급에 따라 전술이 달라져. 이 전술들은 사실 3등급 이하 학생들을 위한 것이야. 41번, 42번 단일장문은 비교적 쉬운 Part라서 1등급, 2등급 똘똘이들의 경우 아래 '전술 1'만 적용하고, 전술 2, 전술 2-1, 전술 2-2는 그냥 참고만 해 줘. 패스해도 좋다는 말이야.

전술 1. Tactic For 1등급, 2등급: 돌 하나에 새 두 마리

여기서는 한 번 읽고 두 문제 풀어버릴 거야. 우선 42번 어휘의 문맥상 쓰임이 적절하지 못한 문제만 푼다고 생각하고 42번 문제부터 먼저 풀어. 그리고 나서 41번을 보는 거야. 지문을 제대로 읽었다면 처음부터 다시 읽지 않고도 답은 신기하게 저절로 보일 거야. 만약 너희가 41번 문제를 먼저 풀면, 42번 문제를 풀기 위해서 지문을 또다시 읽어야 해. 그럴 시간 없지. 유튜브도 아니고 1.25 배속으로 볼 수도 없잖아. 그러니 한 번에 가야 해. 혹시 연습이 안 되어 있다면 수능까지 남은 기간 동안 기출모의고사 풀 때 이 부분 스킵하지 말고 반드시 연습해. 쉬운 유형이라고 마디 점프하지 말고 이 스킬 연습용으로 사용해 줘. 여기는 맞히는 것이 목적이 아니라 빨리 푸는 것이 목적이니까.

전술 2-1. Tactic For 3등급↓

41번은 제목을 찾는 문제야. 앞에서 제목 찾기 했던 것과 동일하게 풀면 돼. 지문이 길어졌다고 해서 난이도도 올라가는 건 절대 아니지. 오히려 지문이 길어진 만큼 전체 내용을 이해할 증거 분량이 늘어났다고 생각해. 통상적으로 단일장문 지문은 두괄식이 많았어. 혹시 내용 이해가 어렵거든 앞부분에 힘을 주어 읽어보도록 해. 제목을 찾는 유형은 앞에서 무려 6가지 전술을 사용해서 설명해 두었어. 이 참에 반복해서 보면 복습도 되고 좋겠지? 어서 다녀와~ 참! 24번 제목 문제랑 41번 제목 문제의 차이점이 있다면, 24번은 두괄식이 많지 않지만 41번은 대부분 두괄식 생각하고 풀면 답이 보이는 문제가 정말 많다는 점!

전술 2-2. 30번 순한맛

제목 파트에서 Dee쌤 아기 새 드립 잘 보고 왔지? 수고 많았어. 토닥토닥. 자, 이제 어휘 part 30번 다시 다녀와. 미안하지만 42번 역시 앞부분 어휘문제와 중복되는 유형이거든. 가보면 김치찌개, 짬뽕 얘기 나올 거야. 잘 다녀와~

42번은 30번의 순한맛 version이야. 지문이 길어진 만큼 우리가 맥락을 이해할 수 있는 충분한 정보가 주어져. 근거를 찾기가 쉬워진다는 얘기야. 30번 어휘 전술인 '오답 거르기', '반의어 어휘', '앞뒤 문맥체크', 그리고 '문장자체논리체크'를 동일하게 적용시켜봐.

Dee쌤의 Ctrl

수능 단축키 16강 초간단 요약

매 강의의 수능 단축키는 반드시 위에 설명 듣고 보세요.
요약만 보아서는 이해되지 않습니다.

Tactic For 1등급, 2등급- 한 번에 두 문제 풀기.

1. 42번 먼저 푼다고 생각하고 지문을 읽기.
2. 읽어 내려가면서 문맥상 부적절할 어휘 check. 42번 문제 끝.
3. 지문 다 읽고 41번 선지보고 정답 고르기.

Tactic For 3등급↓

41번. 이 글은 두괄식!

42번. ②③④⑤ 반대말 찾기.

와, 여기는 무조건 맞혀야 하는 Part야. 따라서 여기 세 문제를 다 맞히는 것은 당연한 거고 시간 절약이 목표지! 43번이 순서문제, 44번이 지칭추론, 45번이 내용일치문제인데, 요 세 문제를 마치 한 문제처럼 한꺼번에 풀어버릴 거야. 잘 따라와.

43번 문제를 메인으로 잡고 풀면서 44번과 45번은 곁다리로 중간중간에 체크해서, 43번 문제 순서의 퍼즐을 맞춤과 동시에 44번과 45번 답도 같이 나오도록 할 거야. 동시에 세 문제 푸는 스킬이 처음엔 조금 복잡할 수도 있으니까 여러 번 반복해서 읽어보고 실제 문제로 시뮬레이션 해봐. 일단 익혀 놓으면 진짜 별거 아니니까 꼭 연습해서 실전에서 자연스럽게 나오게 만들도록!

전술 1. 전체 내용 한 방에 파악하기

우선, 45번 한글로 나와 있는 선지 다섯 개를 먼저 읽어야 해. 간단하지만 중요하니까 스킵하지 마. 45번은 내용과 일치하지 않는 것을 고르는 문항이니까 선지 다섯 개 중에서 네 개는 맞는 내용이지. 글 전체 내용파악에 도움이 돼. '대충 이런 내용이구나' 정도로 파악하고 박스 (A)로 가자.

전술 2. 잽, 잽, 잽, 라이트 훅: 잽(Jab) 넣기

Jab, Jab, Jab, Right Hook. 권투 선수들은 시합에서 마지막 한 방 훅(Hook)을 날리기 위해서 잽(Jab)을 넣지. 우리도 43번, 44번, 45번 한 방에 풀어버리는 훅(Hook)을 날리기 위해서 지금 잽(Jab)으로 밑 작업을 해 보자고. 우선, (A)를 내용파악 충분히 하면서 꼼꼼히 읽어. (A)의 내용이 그렇게 어렵지는 않을 거야. 여기서 해야 할 일이 두 가지 있어. 바로 잽(Jab)이야.

하나, 44번 가리키는 대상이 다른 하나 찾기의 선지 ①(a)는 반드시 여기 (A)에 있어. 가리키는 대상을 (a) 앞뒤로 찾아보고 선지 ①(a) 옆에다가 이름의 첫 글자를 써놔. (Bernard →B)

둘, 45번으로 가서 선지 ①번이 내용과 일치하는지 확인해.

[잽(Jab) 넣기]
(A), (B), (C), (D) 각 단락을 읽을 때마다
44번 가서, 각 선지 옆에 이니셜 써넣기.
45번 가서, 일치 불일치 확인하며 소거법.

★A- JAB 넣기 (A) 읽으면서 할 일 두 가지

첫째, 44번 ①(a)는 반드시 (A)에 있으므로, ①(a)가 가리키는 대상을 앞뒤로 찾아보고 선지 ①(a) 옆에 가리키는 대상 이니셜 쓰기(Bernard →B)

둘째, 45번 ①번이 내용과 일치하는지 확인

★B– JAB 넣기 (B) 읽으면서 할 일 두 가지

첫째, 44번 ②(b), ③(c) 옆에 가리키는 대상 이니셜 쓰기

둘째, 45번 ②번, ③번이 내용과 일치하는지 확인

★C– JAB 넣기 (C) 읽으면서 할 일 두 가지

첫째, 44번 ③(c), ④(d) 옆에 가리키는 대상 이니셜 쓰기

둘째, 45번 ③번, ④번이 내용과 일치하는지 확인

★D– JAB 넣기 (D) 읽으면서 할 일 두 가지

첫째, 44번 ④(d), ⑤(e) 옆에 가리키는 대상 이니셜 쓰기

둘째, 45번 ④번, ⑤번이 내용과 일치하는지 확인

이제부터는 앞에서 했던 36번, 37번 문단의 순서배열문제랑 똑같이 푸는 거야. 이것 역시 선지의 구조상 ①번은 답이 아닐 확률이 높지. (B)가 제일 먼저 오는 경우는 극도로 드무니까.

그런데 앞서 순서문제전략에서 언급했지만 22년 6평 36번 순서문제에서는 답이 ①번이었잖아. 그러니 순서문제에서 ①번의 가능성을 완전히 배제할 수는 없어. 특히 1등급, 2등급, 3등급 친구들은 언제나 ①번의 가능성을 배제해서는 안 돼! 하지만 통계적으로는 ①번은 답이 아닐 확률이 너무나 높으니 찍신에서는 그것에 근거하여 선지①번은 제외할게.

전술 3. 잽, 잽, 잽, 라이트 훅 - 훅(Hook) 날리기

주어진 (A)를 해석하고 나면 바로 (C)와 (D)의 첫 문장으로 가는 거야. 여기서부터는 너무 당연해서 언급할 필요도 없지만, 그 당연한 걸 실수할 수 있으니 전술을 녹여서 복합적으로 다시 설명해 줄게!

하나, (C)와 (D)의 첫 문장을 읽고 어느 것이 (A)와 연결이 자연스러운지 결정한다.

둘, 너로 결정했다. (C)! → (C)를 다 읽는다. (C) 읽으면서 잽(Jab)을 넣는다. 즉, 44번 ③(c), ④(d) 옆에 가리키는 대상 이름 첫 글자 쓰고, 45번 선지 ③번, ④번 보고 내용과 일치하는지 확인해. → 마지막 부분에 집중해서 (B) 혹은 (D) 중에서 연결되는 것을 찾는다. 정답 (C)-(B)-(D), 혹은 (C)-(D)-(B) → (B)와 (D) 각각에 잽(Jab)을 넣는다.

셋, 너로 결정했다. (D)! → (D)를 다 읽는다. (D) 읽으면서 잽(Jab)을 넣는다. 즉, 44번 ④(d), ⑤(e) 옆에 가리키는 대상 이름 첫 글자 쓰고, 45번 선지 ④번, ⑤번 보고 내용과 일치하는지 확인해. → 마지막 부분에 집중해서 (B) 혹은 (C) 중에서 연결되는 것을 찾는다. 정답 (D)-(B)-(C), 혹은 (D)-(C)-(B) → (B)와 (C) 각각에 잽(Jab)을 넣는다.

눈치 빠른 친구들은 눈치챘을 거야. 각 박스의 마지막 부분, 마지막 문장에 집중해서 연결 고리를 찾아야 한다는 것. 내용이 쉬워서 깊게 추론하거나 논리적으로 따져볼 필요도 없어. 대명사, 관사 등 문장의 연결을 도와주는 힌트인 지시어를 찾아 이야기 퍼즐을 맞추어 보도록.

전술 4. Flow Chart로 한눈에 보기

위에서 43~45번 한 번에 푸는 방법을 마구 정신없이 섞었지만 잘 따라온 똘똘이들은 이것도 아마 눈치챘을 거야. 45번 선지의 ①-②-③-④-⑤ 언급된 순서는 박스 (A)-(B)-(C)-(D) 순서와 100% 일치해. 따라서 (A)를 읽었으면 잠깐 멈추고 45번 ①번 확인하고, (B)를 읽었으면 잠깐 멈추고 45번 ②번, ③번, 확인하고, (C)를 읽었으면 잠깐 멈추고 45번 ③번, ④번 확인하고, (D)를 읽었으면 잠깐 멈추고 45번 ④번, ⑤번 확인하고.

혹시 아직도 복잡해? 좋아. Flow Chart로 보여줄게.

[설명 들은 사람만 이해할 수 있는 복합장문 Flow Chart]

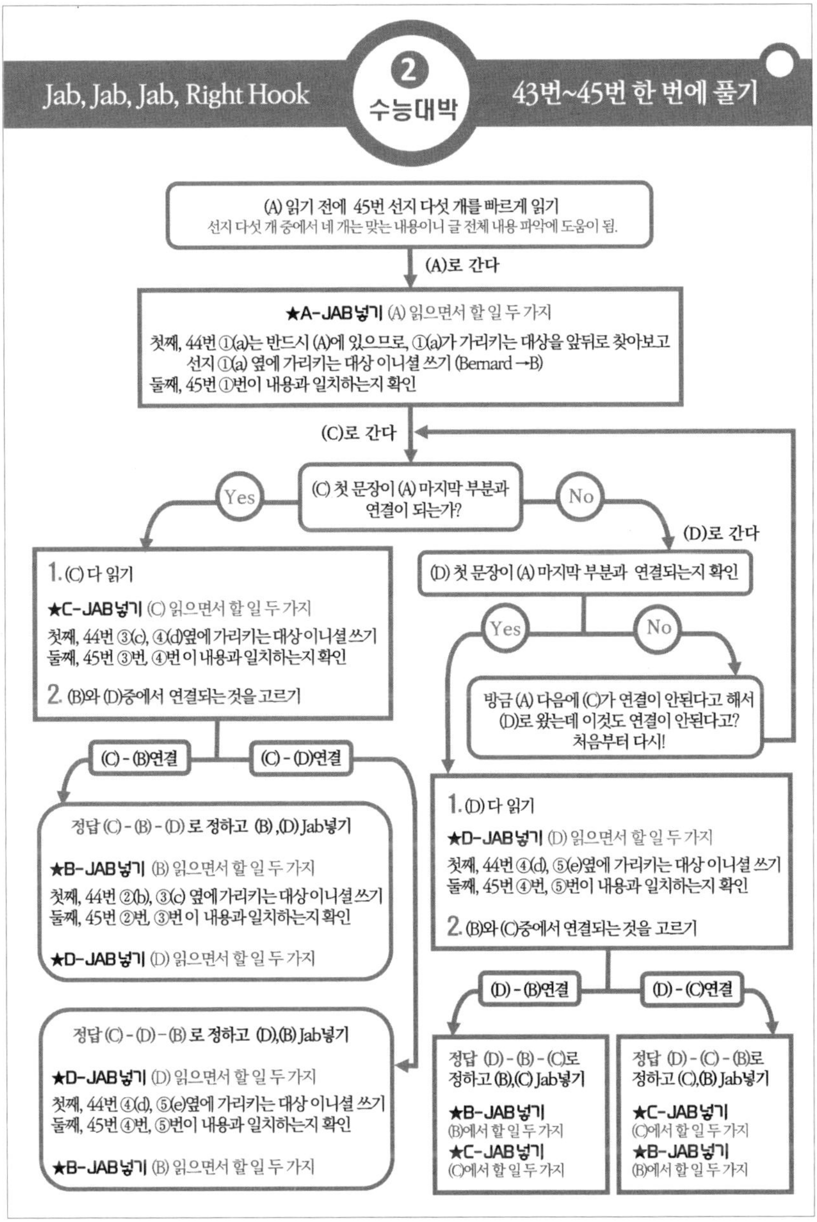

Dee쌤의 Ctrl

수능 단축키 17강 초간단 요약

매 강의의 수능 단축키는 반드시 위에 설명 듣고 보세요.
요약만 보아서는 이해되지 않습니다.

1. 45번 선지부터 읽고 전체 내용 파악.
2. 순서 맞추어 가면서 잽(Jab) 넣기 작업하기.
   잽(Jab) 넣기: (A), (B), (C), (D) 각 단락을 읽을 때마다 44번 가서, 각선지 옆에 이니셜 써넣기.

45번 가서, 일치 불일치 확인하며 소거법.

3. 훅(Hook) 날리기: 순서 맞추는 방법은 flow chart 숙지.

[특강] 다 풀고 시간 남는 '수능영어 문제 푸는 순서'

이제 실전이야. 두근두근. 지금 이 순간이 떨리지 않는 사람은 없어. 우리는 그동안 수없이 많은 연습을 해왔고 지금 이렇게 효율적인 문풀 순서 시뮬레이션을 통해 최적의 시나리오도 만들고 있어. 이 시나리오는 너희들에게 가이드라인 역할을 할 것이니 각자의 상황에 맞게 조금씩 수정해서 사용하기 바라. 문풀 순서에 정답은 없으니까. 너희에게 맞는 게 최고의 전술이야.

3교시가 시작되면 안내 멘트가 나와. 우리가 모의고사에서 늘 듣던 그 멘트. "이제 문제지 표지를 넘기시기 바랍니다"라고 하면 표지를 넘기고 바로 그 시점부터 70분 카운트가 시작되는 거야. 영어영역 13시 10분 시작.

"그러면 지금부터 3교시 영어영역 듣기평가를 시작하겠습니다.
1번부터 17번까지는 듣고 답하는 문제입니다. 1번부터 15번까지는 한 번만 들려주고 16번부터 17번까지는 두 번 들려줍니다. 방송을 잘 듣고 답을 하시기 바랍니다."

이 멘트까지가 30초 소요.

이 30초 동안에 다른 문제를 풀 수 있는 친구들은 4페이지에 있는 문제를 풀어도 좋아. 하지만 듣기에 자신이 없는 친구라면 1페이지의 4문제(1번, 2번, 11번, 12번) 선지를 미리 보는데 이 30초를 활용해 주었으면 해.

자, 이제 듣기가 시작되면 Part1의 듣기 전략을 최대한 활용하여 문제를 충실히 풀어줘. 다만 앞서 듣기 Q&A에서도 언급했다시피 듣기 하면서 독해를 푸는 부분에 대해서는 개인에 따라 다르니 본인에 맞게 재설계해서 순서를 정해. 일반적으로 듣기를 하면서 쉬운 독해 문제를 푸는 것이 전혀 어려움이 없는 경우를 예로 들어 볼게. 그래봤자 듣기 하면서 4페이지의 난이도 최하 문제 4문제와 18번, 19번 푸는 정도니까 대부분 무리 없이 따라 할 수 있을 거야.

아래 Dee쌤이 제시한 문풀루틴모델은 일반적으로 효율적인 방법을 고안해 낸 것이지 절대적인 것은 아니야. 아래 모델을 바탕으로 너희들 개인에 맞게 재설계해서 각자 자신만의 문풀루틴을 새로 만들어 봐. 자신에게 맞는 것이 최고의 전술이니까. 그걸로 수능까지 가자!

"그러면"부터 70분 카운트 13:10 수능영어 시작

> "**그러면** 지금부터 3교시 영어영역 듣기평가를 시작하겠습니다. 1번부터 17번까지는 듣고 답하는 문제입니다. 1번부터 15번까지는 한 번만 들려 주고 16번부터 17번까지는 두 번 들려 줍니다. 방송을 잘 듣고 답을 하시기 바랍니다."

이 멘트 하는데 30초 소요 ★ 30초 동안 해야할 일

① 4page를 꺼내서 1page 옆에 둔다.

② 27번, 28번을 푼다.

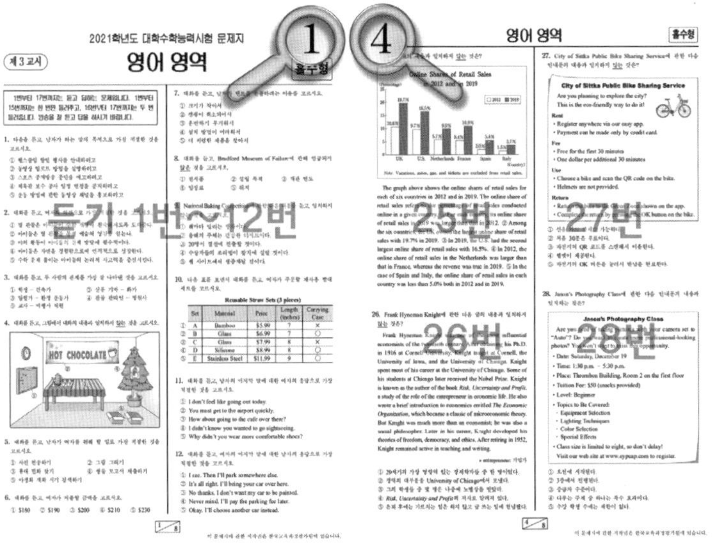

※ 듣기 1번부터 12번까지 푸는 동안,
각 문제의 정답이 확정된 직후부터 다음 문제 Scrip(영어)가 나오기 직전까지의 사이 시간에 4page 25번, 26번, 그리고 2page의 19번 풀기

※ 11번과 12번은 문제가 나오기 전에 선지를 미리봐야 하므로 독해문제 동시에 풀기 금지

12번이 끝나는 순간 1page전부, 4page전부, 2page 19번까지 풀려있어야 함

듣기12문제+ 독해5문제= 17문제 평균14분 소요

현재시간 13:24

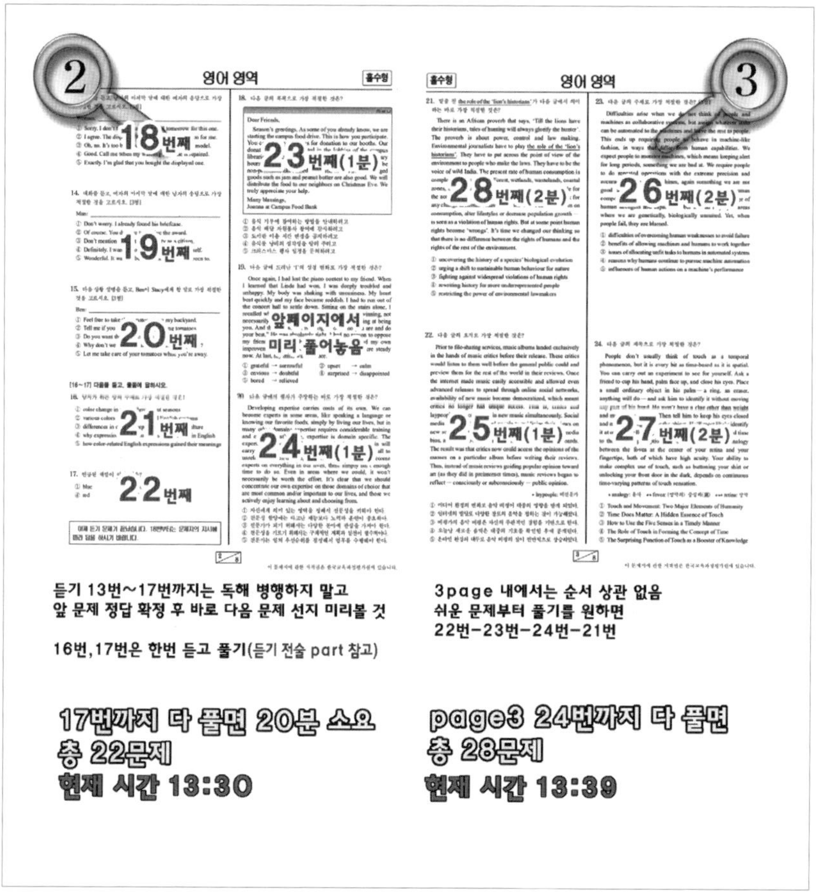

page 2 → page 3
13번→14번→15번→16번→17번→18번→20번→22번→23번→24번→21번

3page를 다 푼 순간 1~4page까지 전부 다 풀어 놓은 셈. 5page부터는 저세상 난이도의 문항들이 기다리고 있으므로 건너뛰고 쉬운 문제 잡으러 8page로 간다. 딱 기다려! 장문 독해.

8page 오면 무조건 45번 선지로. 세 문제 동시풀기, 두 문제 동시풀기는 독해전술 참고

page8, page5 9문제 지금까지 총 37문제 16분 소요

현재 시간 13:55

page 8	page 5
43번, 44번, 45번(동시 풀기) → 41번 → 42번 → 29번 → 30번 → 31번 → 32번	

페이지를 점검해 보면, "1 → 4 → 2 → 3 → 8 → 5 → 6 → 7" 큰 틀로 볼 때 Page 숫자는 이 흐름대로 하면 좋고 디테일한 부분은 본인에 맞게 조정해 봐. 그렇게 해서 너희만의 '문풀 루틴'을 만드는 거야.

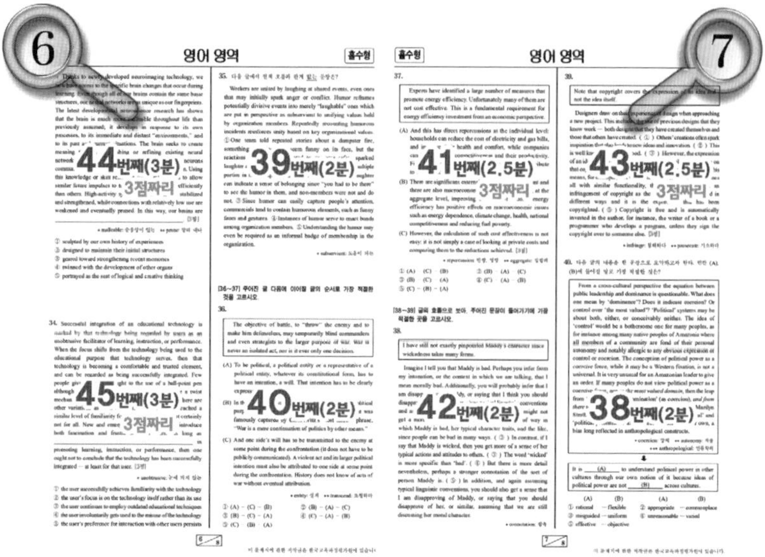

page6, page7 8문제, 총45문제 19분 소요　현재시간 14:14

여기서는 40번 먼저 풀고 2점짜리 먼저 풀고 3점짜리 나중에 풀고
남은 6분간 마킹하고 부족한 부분 Double Check

14:20 수능 영어 종료

page 6 　　　 page 7
40번 → 35번 → 36번 → 37번 → 38번 → 39번 → 33번 → 34번

다시 한 번 말할게. 문풀 순서에 정답은 없어. 위에 쌤이 제시한 모델을 기본으로 각자 자신에게 맞도록 순서를 재가공하도록 해. 그것으로 수능 때까지 달리는 거야.

마치면서

매년 수능 때마다 고3 학생들이 항상 하는 질문이 있습니다.

"선생님! 수능시험장에 뭐 들고 들어가요? 시험 보기 직전에 무슨 문제 풀어야 돼요?"

저의 대답은 늘 같습니다.

"수능 시험 보러 가서 시험 직전에 여러분이 푸는 그 문제는 시험에 안 나옵니다. 문제 풀지 말고 그동안 정리해 놓은 여러분만의 어휘집 보면서 뇌 워밍업하는 거예요."

그런데 사실 어휘만으로는 불안하지요. "학생들의 이러한 질문에 과연 완벽한 대답은 없을까?" 이 물음에서 본 공략집이 시작되었습니다. 그리고 수능영어에 관한 모든 노하우와 전략을 아낌없이 다 쏟아부었습니다. 이제 그 질문에 더없이 완벽한 답을 여러분께 자신 있게 내어 드립니다.

수능시험장에 들고 들어갈 단 한 권의 책!

본 공략집을 학습해 주신 여러분은 분명 의지와 끈기, 그리고 근성도 있는 분이실 겁니다. 그저 눈으로 소설책 읽듯 읽는 것에 머물지 않고 반드시 실전에 사용할 수 있게 적용할 것이기에 이제 여러분은 이 책을 통해 영어등급을 반드시 상승시키게 될 것입니다.

하지만 공부를 좀 더 깊이 있게 하다 보면 공략법으로는 풀 수 없는 여러 가지 문제의 벽을 마주하게 될 것입니다. 아무리 한국교육과정평가원의 출제원리에 근거하여 과학적인 분석을 통해 만든 공식이라지만, 공식으로 외국어 문제를 모두 맞히는 것은 사실상 불가능하기 때문입니다.

이런 경우, 보다 근본적인 처방이 필요합니다. 고등학교 수준의 어휘를 반드시 반복하여 암기하시고 문장의 구조와 문법을 체계적으로 익히는 것이 바로 그것입니다. 혹여 수능을 목전에 둔 고3이라면, 이러한 체계를 잡아갈 시간이 없을 겁니다. 그렇다면 이 책을 최대한 반복하십시오. 배울 '학', 익힐 '습'. 배워서 익히는 것이 학습입니다. 배우기만 하고 익히지 않으면 학습이 아닙니다.

강의를 준비하시는 강사분들께도 많은 도움이 되셨으리라 확신합니다. 여러분의 성공을 저는 진심으로 바랍니다. 대입을 준비하는 아이들이 더 좋은 선생님께 배우며 더 정확한 방향성을 갖고 공부하여, 자신의 미래를 멋지게 준비하도록 도와주는 것이 저의 가장 중요한 목표이기 때문입니다. 수능은 이미 그 역사가 오래되었습니다. 새로운 유형으로 조금씩 변화를 주고는 있지만, 대동소이(大同小異)하지요. 그렇기에 완전히 새로운 것은 없습니다. 저의 이 노하우도 입시계를 교란시킬 정도로 혁신적인 것은 아닙니다. 그저 저에게는 '지금의 나를 있게 한 고마운 선물' 같은 것이지요. 제가 가르친 아이들이, 아니 전국의 모든 고3 학생들이 수능 수준을 넘어서는 영어 실력을 갖췄으면 하는 것이 저의 개인적인 바람입니다. 그러기 위해선 모두의 콜라보가 필요합니다. 전국에 계신 훌륭한 강사님들과의 동반 성장을 기대합니다.

자, 이제 여러분에게 영어는 믿고 등급 깔고 가는 효자 과목이 되었습니다. 앞으로 원하는 대학에 모두 진학하여 꿈을 이루고 멀지 않은 미래에 지금보다 10배, 100배 더 성장하기 바랍니다.

감사합니다.
여러분의 성공을 진심으로 바라는 Dee쌤.

Dee's Last Message

더 강해져라. 너희 인생 이제 시작이야.